あてなよる
大原千鶴の簡単・絶品おつまみ帖

料理・大原千鶴
酒監修・若林英司

夕暮れどきになると
酒が呑みたくなる。
あの二人に出会ってからは
なおさらだ。

お待ちしておりました

私をあてと酒の
マリアージュの世界に
ひきずり込んだ張本人たち……
今宵はどう責任を
とってもらおうか。

酒と料理の媒酌人

若林英司《わかばやし・えいじ》

ソムリエ。
長野県生まれ。
フレンチレストランの
名店でシェフソムリエを
歴任し、現在
「レストラン エスキス」
支配人兼シェフソムリエ。

あての求道者

大原千鶴《おおはら・ちづる》

料理研究家。
京都・花脊《はなせ》の料理旅館
「美山荘」に生まれる。
新しいレシピを
思いつくのは、
酒を呑んでいるときが
いちばん多い。

各章扉執筆

源 孝志《みなもと・たかし》

「あてなよる」企画・演出

目次

この本の使い方

- この本で使用している計量カップは200ml、計量スプーンは大さじ1＝15ml、小さじ1＝5mlです。1mlは1ccです。
- 本書で使用している「だし」は、特にことわりのないかぎり、昆布・かつお風味のだしです。
- 電子レンジ、オーブン、オーブントースター、フードプロセッサー、魚焼きグリルなどの調理器具は、各メーカーの使用説明書などをよくお読みのうえ、正しくお使いください。
- 電子レンジは、金属および金属製の部分がある容器や非耐熱ガラスの容器、漆器、耐熱温度が120℃未満の樹脂製容器、木・竹・紙製品などを使うと故障や事故の原因となる場合がありますのでご注意ください。本文中で表示した調理時間は600Wでのものです。700Wの場合は約0.8倍、500Wの場合は約1.2倍にしてください。
- 保存に使う瓶や保存容器は、清潔なものをご使用ください。また食べごろや保存期間は目安です。気候や保存状況によって変わることがあります。

第一夜 卵で呑む

卵……　冷蔵庫を開けると常にそこにある滋味豊かな球体。か弱いシェルターの中に、ふるふると揺れる小宇宙を隠し持ったこの愛しき球体の殻を割る時、酒呑みたちは一様にサディスティックな心持ちになる。「さて、今夜はどのように料理してやろうか」と。

茹でてよし、焼いてよし、もちろん生でもいける。かの名優ポール・ニューマンは、映画『評決』の中でビールに生卵を豪快に落とし、ググッと飲み干してみせた。

蕎麦屋に入り、昼間から酒を注文するあの優越感と後ろめたさが同居する喜び……　まさか、いきなり蕎麦をたのむ愚か者はこの本の読者にはおるまい。まずは熱々のだし巻き卵で冷え冷えのビール、と考えるのが真っ当な酒呑みの矜持であろう。

一衣帯水の彼岸、中国では、明朝の昔にアヒルの卵を灰に埋めて魔法をかけ、皮蛋（ピータン）という珠玉の食い物を作り出した。あの琥珀色の輝きを前にして、紹興酒を一杯、という誘惑を断れる木強漢《ぼっきょうかん》がいたら、すみやかに退場願いたいものだ。

目を西洋に転じれば、かの美食の国フランスでも酒呑みどもの卵への執着は強い。ゆで卵にマヨネーズをかけただけのシンプルなあてが、「œuf mayonnaise（ウフ・マヨネーズ）」という小洒落た名前でビストロの客たちのワインを進ませておる。だいたいマヨネーズ自体が卵で出来ておるのだから、フランス人の卵好きもここに極まれりと言えよう。

フランスと常にヨーロッパの美食大国の覇権を争うイタリアにも、卵好きにかけては油断のならない人物がおる。高名なオペラの作曲家で美食家としても知られるかのロッシーニ。趣味が高じてレストランまで開いたこの男は、卵とトリュフの相性が抜群に良いという罪な発見をしよった。溶き卵に刻んだ黒トリュフを混ぜ込み、半熟に焼き上げたロッシーニ好みのオムレツ。これに合わせるのはバローロか、はたまた熟成させたキャンティ・クラシコか……　うーむ、たまらん。大原よ、今すぐ卵の殻を割り、酒呑みたちに至福のアリアを聴かせてやるがいい。

アツアツの
京風だし巻き卵は、
驚くほどに酒と合う。

焼きたてだし巻き

材料（22×13×3cmの卵焼き器1枚分）

- 卵 …… 4コ
- A
  - だし …… 140ml
  - かたくり粉 …… 大さじ1
  - うす口しょうゆ …… 小さじ1½
- ごま油（白）…… 適量

つくり方

1 卵は白身をほぐすようによく混ぜる。Aを加えてさらに混ぜ、こし器でこす。

2 卵焼き器を中火にかけ、紙タオルにしみ込ませたごま油をなじませる。

3 2の卵焼き器に1を少し落とし、ジッと音がしたら、1を玉じゃくしで5〜6回に分けて流し入れ、薄く広げて手前側に向かって巻く。

※１回分を巻いたら卵焼き器の向こう側へ寄せ、ごま油を薄く塗って、次の卵液を焼けた卵の下にも流し入れる。

合わせるのは

【ロゼワイン】
M・シャプティエ タヴェル・ロゼ ボールヴォワール 2015

南仏・タヴェルのロゼは軽快でありつつ、スパイシー。それでいて、コクも感じられます。焼きたてのだし巻き卵からあふれるだしの香りを、ロゼのコクが引き立てます。

こんなお酒でも

柔らかい口当たりの、雄町米の日本酒

卵とはんぺんで、
簡単・ふわふわ
だて巻き風に。

ふわふわ厚焼き卵

材料（つくりやすい分量）

卵	4コ
はんぺん	1枚（100g）
砂糖	大さじ3
みりん	大さじ1
うす口しょうゆ	小さじ1
わさび	適量

つくり方

1. わさびを除く材料すべてをフードプロセッサーにかけて滑らかにし、オーブン用の紙を敷いた天板に流し入れる。予熱したオーブントースター（1000W）で15分間焼く。
2. 竹串を刺してみて何もついてこなければでき上がり。冷まして食べやすい大きさに切り、わさびを添える。

合わせるのは

【日本酒】

〆張鶴 純

このあては、卵のうまみをわさびの辛さが引き立てるもの。柔らかく滑らかな五百万石米の純米吟醸酒が、あてのうまみと辛さを包み込みます。

こんなお酒でも

ほのかな甘みを帯びた、ロゼ・ダンジュ

黄身のみそ漬け

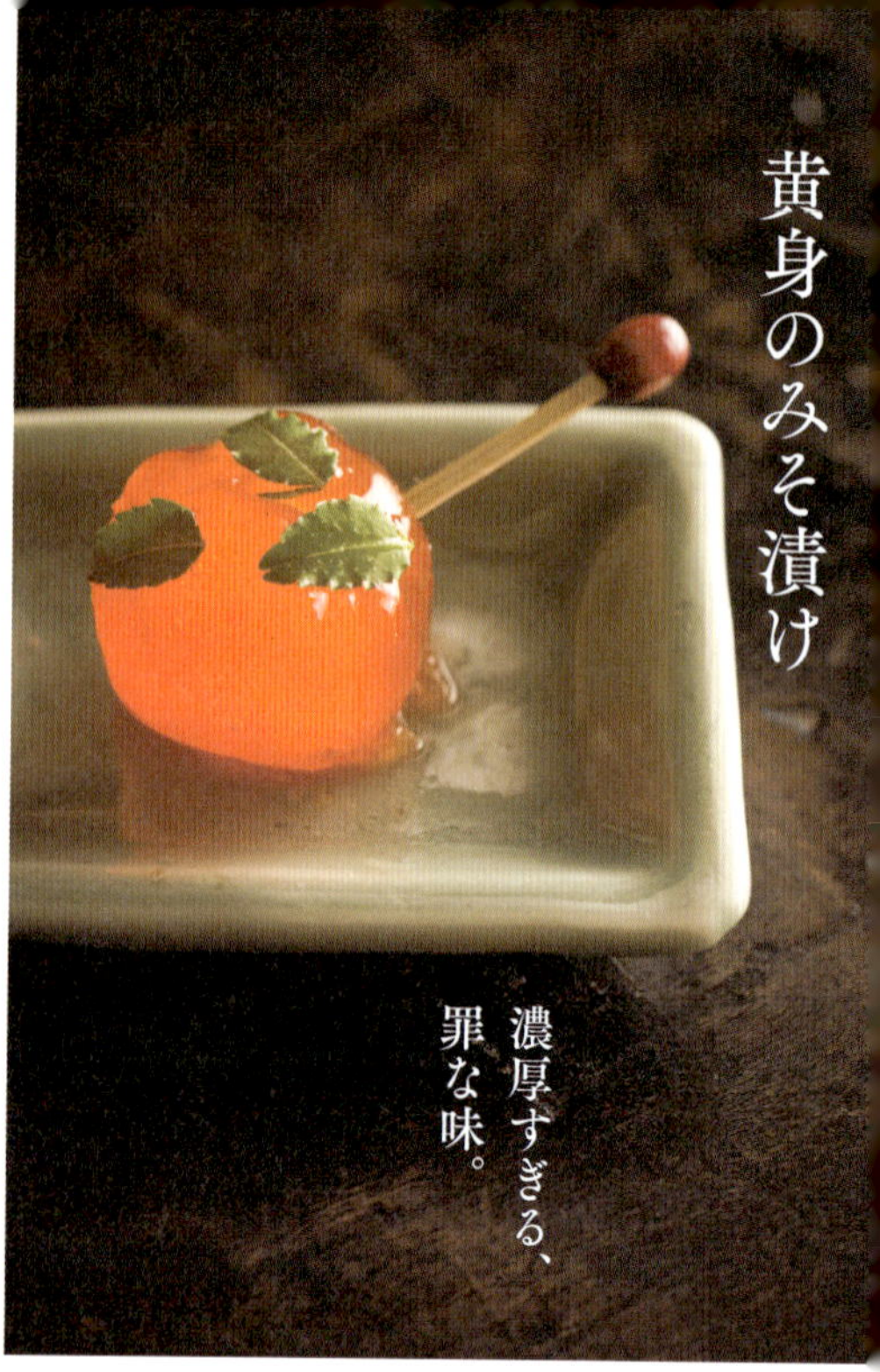

濃厚すぎる、罪な味。

材料（つくりやすい分量）

卵黄 ……………………………………… 4コ分
A ｜白みそ ………………………………200g
　｜赤みそ ………………………………… 10g
木の芽 ……………………………………少々

つくり方

1 Aを混ぜ合わせ、保存容器に⅔量を入れて平らにならす。ガーゼを敷いてくぼみを4つつくり、卵黄を1コずつ入れてガーゼで覆う。Aの残りを均等にのせてふたをし、冷蔵庫に入れて3〜5日間おく。

2 1から卵黄を取り出し、ラップの上に置き、包むようにして形を整える。木の芽をのせる。

合わせるのは

【紹興酒】

関帝 陳年紹興花彫酒 5年

5年物がおすすめ。プラムのような香りがみその濃厚さと合います。飲み方は常温からぬる燗で。

半熟卵の牛しぐれ煮のせ

半熟卵と牛肉……合わないわけがない！

材料（つくりやすい分量）

卵（常温に戻す） ………………………… 4コ
漬け汁
　｜だし ………………………………カップ ½
　｜みりん ……………………………… 大さじ3
　｜うす口しょうゆ ……………………大さじ2
牛しぐれ煮（下記参照） ………………… 適量
細ねぎ（小口切り） ………………………少々

つくり方

1 沸騰した湯に卵を静かに入れ、約6分間ゆでる。すぐに冷水につけて冷まし、殻をむく。

2 つけ汁の材料を合わせて煮立て、粗熱を取る。1を入れて冷蔵庫で2日間漬ける。

3 半分に切って器に盛り、牛しぐれ煮をのせ、ねぎを散らす。

※牛しぐれ煮のつくり方
鍋に煮汁（酒カップ¼、砂糖・しょうゆ各大さじ2、せん切りにしたしょうが5g）を煮立て、食べやすく切った牛こま切れ肉150gを入れて、混ぜながら煮汁がなくなるまで煮る。

合わせるのは

【シェリー酒】

アモンティリャード・デル・プエルト 1/10 18.5°

長期熟成タイプのシェリー。深いコクと風味が牛しぐれ煮のうまみを引き出し、特有の酸味が煮卵の濃厚さをやわらげます。

シメは……

大人の卵サンド

からしとバジルの風味で、
大人が喜ぶ卵サンド。
酒にもグッと合うように。

材料（2人分）

ゆで卵（固ゆで）		2コ
A	バジルの葉（細かく刻む）	2枚
A	マヨネーズ	大さじ3
きゅうり		½本
ハム		2枚
食パン（8枚切り）		4枚
バター・練りがらし		各適量

つくり方

1 ゆで卵は殻をむいて粗く刻み、Aと混ぜる。

2 きゅうりは薄切りにして全体に塩をふり、約5分間おいて水けを拭き取る。

3 食パンのみみを落として焼き色がつくまでトーストする。バター、からしを塗り、ハム、1、2をはさみ、食べやすく切る。

合わせるのは

【シャンパーニュ】
ルイ・ロデレール
ブリュット・プルミエ

あえて有名メゾンの王道シャンパーニュを。黒ぶどうを多用するため、まろやかさやうまみがあり、シャンパーニュ本来のキレもしっかりとあります。卵サンドが特別な一品に。

こんなお酒でも

フルーティーで口当たりのいい、
チリのスパークリングロゼ

第二夜　ハムで呑む

　子供の頃の思い出である。年の瀬も近くなる時分、自宅でテレビなど見ていると玄関でチャイムが鳴る。

「悪いけど、出てくれるかしら？」

　家事に忙しい母親からそう言われて玄関ドアを開けると、お歳暮を配達するお兄さんが立っている。名の知れたデパートの包装紙に包まれた箱を恭《うやうや》しく持って……

　問題はその箱の形状である。薄ければおそらく缶ジュースや缶詰の類い、段ボール箱の大きさなら辟易するほどの数のみかんが詰まっているとみて間違いない。しかしそれが適度な厚みと奥行きを持った立方体である場合、少年少女の心は躍った。中身は温室育ちのマスクメロンか、さもなくば、堂々とした塊の「ハム」である。

　このお歳暮で贈られて来るハムほど、昭和の日本人を幸せにしてくれる代物も他になかった。特に大人たちは、このお宝でどう酒を呑んでやろうかと妖しく目尻を下げた。箱を開けると、高手小手にキリキリと縄目をかけられたボンレスハム君がうずくまり、我々に訴えかける。

「は、早く、この縄を解いてください！」

邪《よこしま》な思いをひた隠し、ハム君を牢獄から救い出して、その体を傷つけぬよう包丁で縄目を解いてやる。

「ありがとうございます。お礼に僕を食べてください」

と健気に言うハム君。ああ、なんという献身だろう！

わかったよ、ハム君。君がそこまで言うのなら、涙をのんで君を食べよう。しっかりと味わうからね！　とシェイクスピアばりの悲喜劇が心の中で繰り広げられる。

　薄くスライスして辛子とマヨネーズで一杯、厚く切ってハムステーキでもう一杯……　ことほど左様に、ハムは日本の酒呑みたちの心を捉えてきた名優なのだ。

　ハムを単なる豚の後脚と考えてはならない。塩漬けにされて熟成し、あるいは煙で燻されて成長した千両役者なのだ。イタリアやスペインの居酒屋のカウンターにずらりと吊るされた生ハムたちを見る度、オペラ劇場のドレスサークルに並ぶ名優たちの写真を思い出すのは私だけだろうか？　うーむ……　生ハムで一杯やりたくなって来た。まずは脂の少ない白い蹄のハモンセラーノで、よく冷えたドライシェリーを一杯、といきたいところだ。

ハムと寒天が、からし酢じょうゆでおいしくまとまる。

ロースハムのさっぱりからしあえ

材料（2人分）

ロースハム	2枚
卵	1コ
貝割れ菜	½パック
糸寒天（乾）	10g
A うす口しょうゆ・米酢・砂糖	各大さじ1
A 練りがらし	少々
塩・ごま油	各少々

つくり方

1 糸寒天は水で戻す。卵は塩を加えて混ぜ、いり卵にする。ハム、貝割れ菜、糸寒天を食べやすい大きさに切る。

2 Aを混ぜ合わせて1をあえ、器に盛ってごま油をかける。

合わせるのは

【日本酒】

鍋島 純米大吟醸 愛山

愛山という酒米の酒は、米の真ん中にある味わいが広がり、フルーティーで柔らかな甘みが特徴。あての酢やからしのピリッとした味わいが、日本酒の甘みのキレをよくします。

こんなお酒でも

米焼酎の水割り

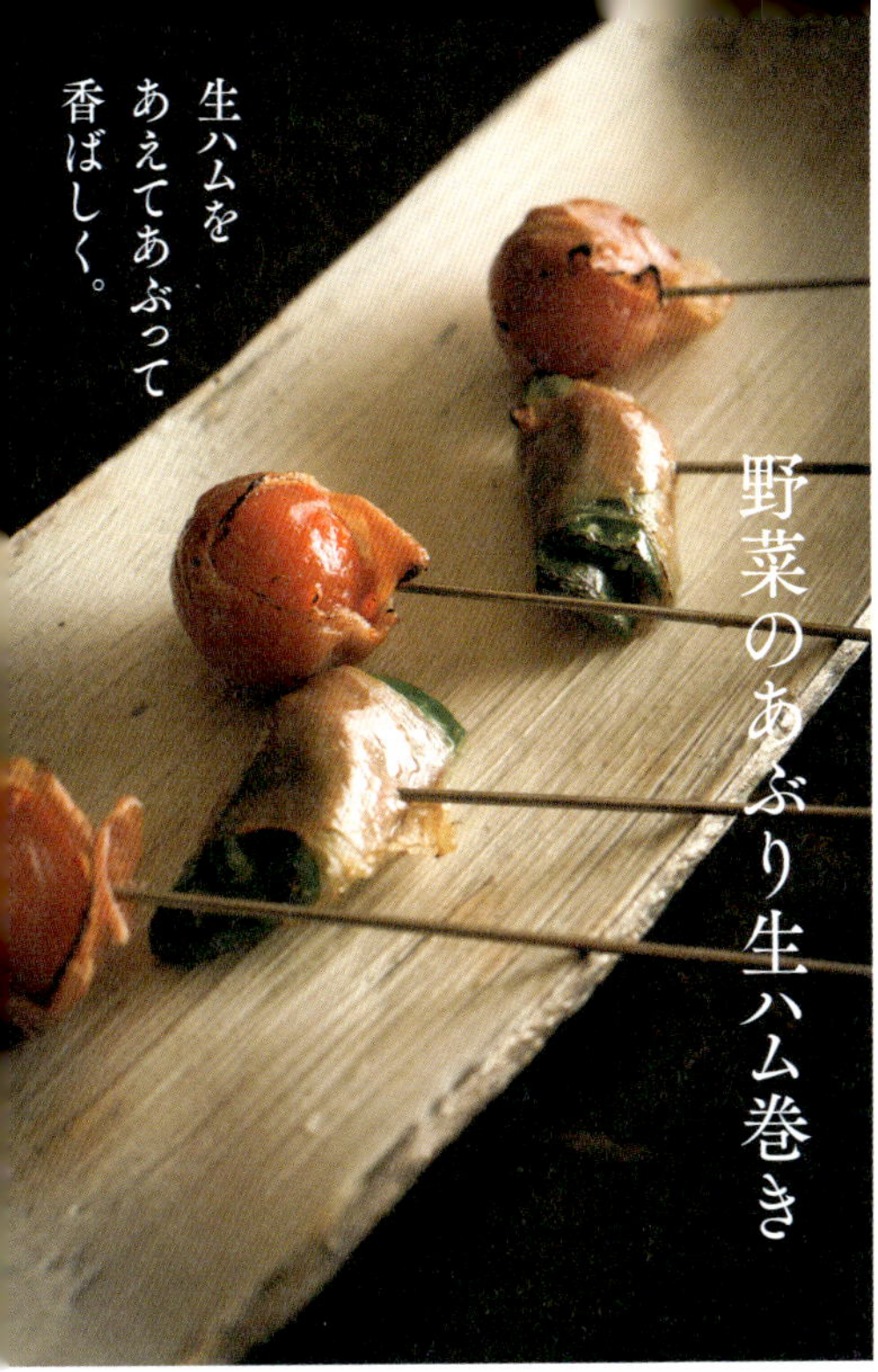

野菜のあぶり生ハム巻き

生ハムをあえてあぶって香ばしく。

材料（2人分）

生ハム（長さを半分に切る）……………… 5枚
ミニトマト ………………………………… 6コ
ピーマン（食べやすい大きさに切る）…… 1コ

つくり方

1 ミニトマトは串に刺し、軽く火であぶって皮をむく。

2 1のミニトマト、ピーマンを生ハムで巻き、串に刺してあぶる

合わせるのは

【日本酒】
鍋島 純米大吟醸 愛山
同じく愛山を。ふくよかでコクのある純米大吟醸が、ハムのうまみと溶け合い、のどごしが滑らかに。

こんなお酒でも
ドライシェリーや
スプマンテ（イタリアの発泡ワイン）

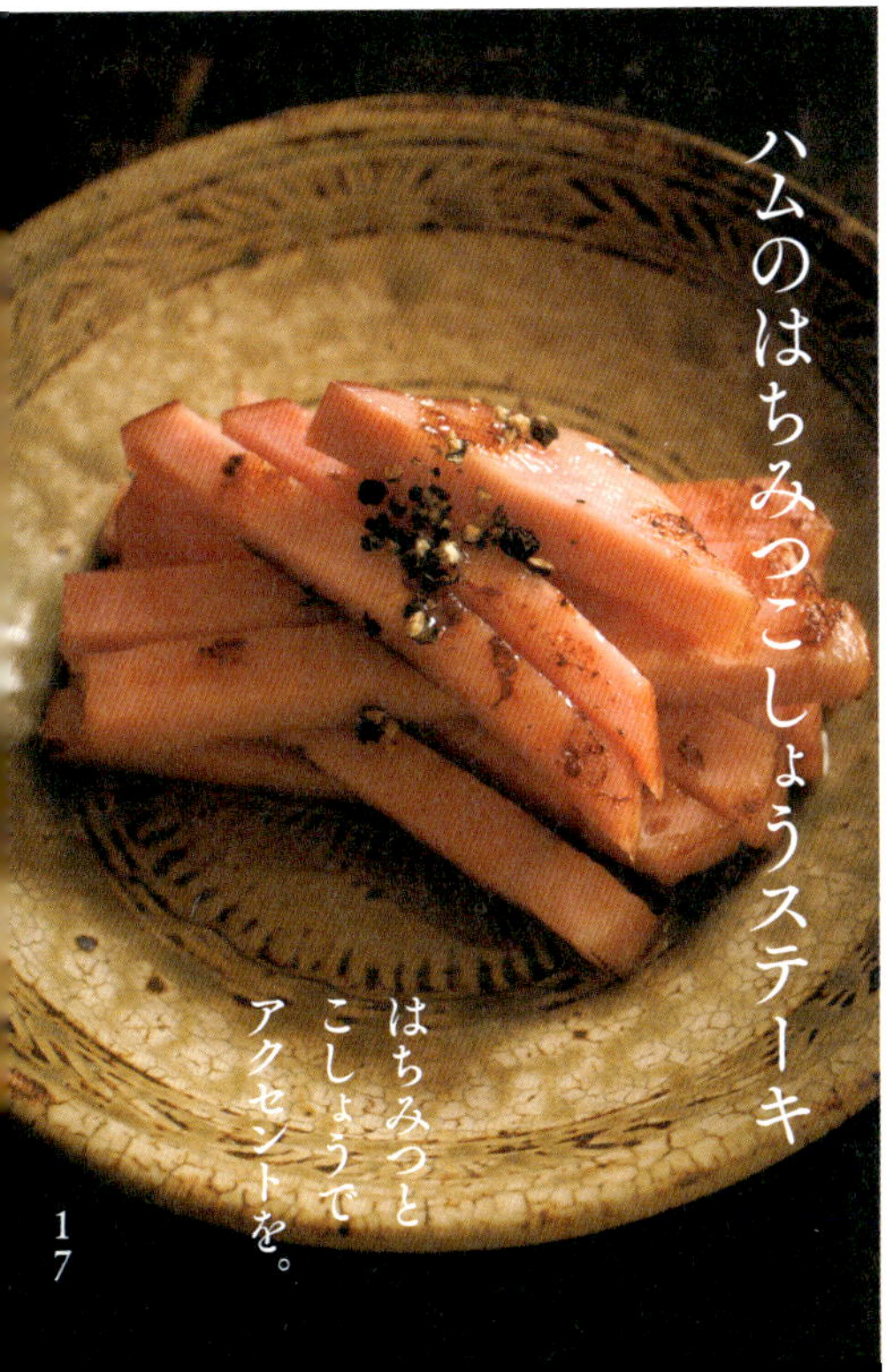

ハムのはちみつこしょうステーキ

はちみつとこしょうでアクセントを。

材料（2人分）

ロースハム（厚切り）……………………… 1枚
はちみつ ……………………………… 大さじ約½
黒こしょう（つぶしたもの）………… 5～6粒分

つくり方

ハムは表面加工のしてあるフライパンで、油をひかずに中火で焼く。約1cm幅の細切りにして器に盛り、はちみつと黒こしょうをかける。

合わせるのは

【赤ワイン】
ベリンジャー ファウンダース・エステート・カベルネ・ソーヴィニヨン
はちみつと黒こしょうの刺激的な味わいに、温暖地のジューシーなカベルネがよく合います。

みんな大好き
ハムカツが、なんと
揚げずしてつくれる。

焼きハムカツ

材料（2人分）

ロースハム …………………………… 2枚
ポテトサラダ（コーンの入ったもの／市販）*
……………………………………………適量
マヨネーズ ……………………約大さじ2
パン粉 ………………………………適量
パセリ ………………………………適宜

*つくるときはp.24を参照し、塩ざけを入れずにコーン適量を加える。

つくり方

1 ハムにポテトサラダをのせ、包むようにして半分に折る。

2 1の全体にマヨネーズを塗り、パン粉をつけて、魚焼きグリルで両面を焼き上げる。器に盛り、好みでパセリを添える。

合わせるのは

【バーボンウイスキー】
オールド・エズラ 15年 101プルーフ

とうもろこしを主原料とするバーボン。香ばしい香りとまったりとした甘みが特徴です。水をほんの少し、好みのあんばいで足すと甘みが増して料理に合いやすくなります。ハムカツの香ばしさと相性抜群。

こんなお酒でも

オーストラリア産の
シャルドネ

ソーセージでも……カリカリジャーマンポテト

合わせるのは

【白ワイン】
アルベール・ボクスレ
シルヴァネール 2014
ポテトのホクホク感とソーセージの香ばしさに、脂質を流すフルーティーで心地よい酸味が合う。

材料（2人分）

じゃがいも	2コ（200g）
ウインナーソーセージ	3〜5本（80g）
にんにく（薄切り）	3枚
バター	20g
塩	小さじ¼
パセリ（みじん切り）	適宜

つくり方

1 じゃがいもは洗って皮ごとラップに包み、電子レンジ（600W）に5分間かけて竹串がスッと通るまで火を通し、2㎝角に切る。ソーセージは1㎝厚さの輪切りにする。

2 フライパンにバター半量を熱してにんにく、1のじゃがいもとソーセージを入れてじゃがいもがカリッとするまで炒める。残りのバターを足し、最後に塩で味を調える。器に盛り、好みでパセリを添える。

ベーコンでも……ベーコンエッグとウスターソース

材料（2人分）

卵	1コ
ブロックベーコン	適量
塩・こしょう	各少々
ラディッシュ	適宜
ウスターソース	適量

つくり方

ブロックベーコンを1㎝角の拍子木切りにし、フライパンでこんがりと全体を焼きつけてから四角く並べ、中に卵を落とす。塩・こしょうをふり、ふたをせずに卵が半熟になるまで火を通す。あればラディッシュを添え、ウスターソースをかける。

合わせるのは

【赤ワイン】
クリストフ・パカレ
ボージョレ・ヴィラージュ 2014
卵のトロトロ、ベーコンの香ばしさには、果実味があり渋みの少ないガメイ種の赤ワインがよい。

シメは……
生ハムと野菜たっぷりラーメン

生ハムも煮汁に加えて、
うまみたっぷりの
スープに仕立てる。

材料（2人分）

生ハム ……………………………10g
たまねぎ（6等分のくし形切り）…1コ
ズッキーニ（7㎜厚さに切る）・
セロリ（5㎝長さに切る）……各½本
にんにく（つぶす）……………1かけ
トマト（ヘタを取って半分に切る）‥1コ
オリーブ油 …………………大さじ1
塩 …………………………小さじ½
顆粒《かりゅう》チキンスープの素《もと》（中国風）
……………………………大さじ1
中華麺 ……………………………2玉

つくり方

1 鍋にオリーブ油を入れ、たまねぎ、ズッキーニ、セロリ、にんにくを焼き色がつくまで焼きつけ、水カップ3½と塩を加えて煮込む。

2 野菜が煮えたらチキンスープの素を加えて混ぜ、トマト、生ハムを加える。

3 麺は別の鍋でゆで、器に盛った麺に2のスープをかけて生ハムと野菜を盛り付ける。

合わせるのは

【南仏のリキュール】
パスティス アンリ・バルドゥアン

アニスやフェンネルなどから造られるリキュール。水割りにしていただきます。薬草のスカッとした風味が、口の中をリフレッシュさせつつ、スープの余韻を引き立てます。

こんなお酒でも
芋焼酎の燗ロック
（氷を入れたロックグラスにお燗した芋焼酎を注ぐ）

＼ まだ飲みたい！ ／

果物の生ハム巻き

材料とつくり方

食べやすく切った果物を生ハムで包み、かんきつ類の皮をトッピング。写真は洋梨（ル・レクチエ）に黄柚子《ゆず》の皮。ほかには、桃と青柚子、いちじくとレモンなどが香りが立って好相性！　お酒を合わせるなら、マルティーニのアスティ・スプマンテ。

第三夜

鮭《さけ》で呑む

その男と女は同じ村で生まれた。不揃いな段々畑が山肌にへばりついているような寒村で、自慢できるものは、集落を貫いて流れる一筋の清流だけだった。幼い頃、二人してその川で遊んだことを、男も女もよく覚えていた。いや、決して忘れられない宿命的な記憶、と言うべきか。

やがて二人は生まれ故郷を出てそれぞれの人生を歩む。海のように広い大都会……　波に揉まれ、様々な危険に遭遇し、塩気の利いた大人になった男と女。しかし、常に心の片隅で、ジリジリと彼らを急き立てる声がある。

「帰らなければならない……　あの村へ」

それは生まれた時から遺伝子に組み込まれていたかような抗い難い本能的な衝動。あの生まれ故郷の川をもう一度見ない限り、死んでも死にきれないとまで思えるのだった。

約束などしていない。それぞれの想いを胸に、降りかかる困難をかいくぐりながら故郷を目指す男と女。巧妙な罠を仕掛け、男を窮地に追い込もうとする狡猾な漁師のごとき悪人。腕力にまかせ、女を手込めにしようとする熊のごとき無法者……　傷つき、息も絶え絶えになりながら死線を越えた二人は、ついに宿命の場所にたどり着く。彼らが生まれた村の、清き流れの淵に……

再びめぐり逢った二人は夢中で求め合い、想いを遂げるが、無情にも力尽き、その過酷な人生を終える。幸福そうな二つの骸《むくろ》が、静かに川面を流れてゆくのがこの物語の結末だ。悲劇的で甘美なラストシーンだ。

子供の頃学校で、この『鮭の一生』という記録映画を見た日の弁当には焼いた塩鮭が入っていた。母のデリカシーのなさが呪わしかったが、泣きながら残さず食べた。

大人になった今でも鮭の生涯を思うと泣けてくる。泣きながら鮭を肴に酒を呑む。こうなったらあらゆる手で酒を呑んでやるのが鎮魂というものだろう。スモークサーモンであろうが鮭缶であろうがトバであろうがかまわない。なんなら皮だけで十分だ。パリッとあぶって日本酒でグッといってやる。おお、そう言えばイクラなどという素晴らしいものもあるじゃないか！　鮭よ！　ドラマティックな魚よ！　今宵も美味しくいただきますっ！

鮭とポテトサラダの好相性。
……なぜ今まで
気づかなかったのか。

焼き鮭のポテトサラダ

材料（2人分）

じゃがいも……2コ
紫たまねぎ（薄切り）……10g
きゅうり（薄切り）……1本
マヨネーズ……大さじ6
塩ざけ（中塩／切り身）……1切れ
塩……少々

つくり方

1 じゃがいもは皮をむき、ゆでてからすりこ木などでつぶす。たまねぎときゅうりは塩でもんで水けを絞る。じゃがいも、たまねぎ、きゅうりをマヨネーズであえる。

2 塩ざけを焼き、粗くほぐして**1**に混ぜる。一部は上にのせる。好みで皮をカリッと焼いて添える。

合わせるのは

【ロゼワイン】
ザ・タパス・ワイン・コレクション ロサード・ガルナッチャ

スペイン・ナヴァーラ地方のロゼワイン。ラズベリーのような甘みとまろやかさが特徴。ポテサラのごろごろした食感を中和してくれ、よりおいしくいただけます。

こんなお酒でも

シードルや
軽やかな生酒

鮭の脂と
しょうゆ、みりんで
シンプルながら
深い味わいに。

鮭の木の芽焼き

材料（2人分）

生ざけ	2切れ
塩	小さじ¼
みりん	大さじ2
うす口しょうゆ	大さじ1
木の芽（粗く刻む）	適量（たっぷり）

つくり方

1 さけに塩をふり、約30分間おき、水けを拭く。フライパンを熱し、皮側から焼く（さけの脂で焼くため油はひかない）。

2 みりんとうす口しょうゆを加えて照り焼きにする。器に盛り、木の芽をたっぷりのせる。

合わせるのは

【国産赤ワイン】
登美の丘 赤 2012

山梨県産の赤ワイン。焼いた魚と赤ワインはとてもよく合います。日本の赤ワインは渋みがそれほど強くないので、しょうゆとみりんのやさしい味つけに特にハマります。

こんなお酒でも

ピノタージュ種の赤ワインやラガービール

鮭缶の濃厚な味わいに
パクチーの爽やかな
香りを添えて。

鮭缶のパクチー添え

材料（2人分）

さけ中骨缶（水煮缶でもよい）……… 1缶
パクチー（3㎝長さに切る）……2〜3株
にんにく（すりおろす）………………… 少々
しょうゆ ………………………… 小さじ½
一味とうがらし・すだちの搾り汁
…………………………………………… 各適量

つくり方

さけの缶詰を開け、にんにくを入れて焼き網にのせ、火にかける。フツフツとしてきたらパクチーをのせ、しょうゆを加えてサッと煮る。食べるときに、一味とうがらし、すだちの搾り汁をかける。

合わせるのは

【ベルギービール】
ヒューガルデン ホワイト

酵母が均等に行き渡るよう、瓶を軽く振りながら注ぎます。ベルギービールにはパクチーの種であるコリアンダーシードが使われているため、料理との相性はぴったりです。

こんなお酒でも

ニュージーランド産
ソーヴィニヨン・ブラン種の
白ワインや、泡盛

さば缶でも……
さば缶と豆腐

材料（2人分）

さば缶（しょうゆ煮）……………………… 1缶
絹ごし豆腐 ………………………………$\frac{1}{2}$丁
細ねぎ（小口切り）・しょうがの甘酢漬け
（市販／せん切り）…………………… 各適量

つくり方

さば缶を小鍋に汁ごと移し、豆腐を半分に切って小鍋に入れて豆腐を温めるように1〜2分間煮る。器に盛り、ねぎ、しょうがの甘酢漬けをのせる。

合わせるのは

【 白ワイン 】
レトワール サヴァニャン 2011
ドメーヌ フィリップ・ヴァンデル
さば缶にはサヴァニャン種を！　しゃれだけでなく、さばを煮込んだうまみとほどよい鉄分、しょうがの味わいによく合います。

かきのオイル漬け缶でも……
かきのオイル漬け青じそ巻き

材料（2人分）

かきのくん製のオイル漬け缶 ……………… 1缶
青じそ ……………………………………… 適量
糸とうがらし ……………………………… 適宜

つくり方

1. かきを缶から出して紙タオルにのせ、余分な油を取る。
2. 1を青じそで巻いてつまようじでとめ、器に盛る。あれば好みで糸とうがらしを飾る。

合わせるのは

【 赤ワイン 】
ピノ・ノワール・サンタ・マリア・ヴァレー
2013 ディアバーグ・ヴィンヤード
くん製した香りとしその爽やかさを、柔らかい温暖地のピノ・ノワールが引き立てます。

シメは・・・・・

鮭の焼きそばナポリタン

焼きそばの麺を使えば、
ゆでおきした
スパゲッティさながらの
懐しい味わいがすぐにつくれる。

材料（2人分）

中華麺（蒸し）……………………2玉
生ざけ…………………………1切れ
塩・こしょう………………各適量
たまねぎ………………………½コ
ピーマン………………………1コ
トマトケチャップ………大さじ4〜6
サラダ油・バター……………各少々

つくり方

1 さけは皮と骨を除いて食べやすく切り、塩・こしょうをふる。たまねぎは薄切りに、ピーマンは5㎜厚さの輪切りにする。

2 1のさけとたまねぎをサラダ油をひいたフライパンで炒め、トマトケチャップを加えてよく炒める。麺とピーマンを加えてさらによく炒める。仕上げに塩少々とバターを加えて味を調える。

合わせるのは

【微発泡赤ワイン】

ランブルスコ・デル・フォンダトーレ キアルリ

イタリアの微発泡赤ワイン。ほのかな甘みがあり、香りは華やか。トマトケチャップのまろやかな甘みと酸味によく合い、爽やかな後味に。

こんなお酒でも

日本酒のぬる燗

＼まだ飲みたい！／

鮭の酒びたし

材料とつくり方

鮭の酒びたし（市販）や鮭とば、鮭のくん製などを器に入れ、酒少々を注いで少ししんなりさせる。好みでかんきつ類の果汁を搾って食べても。マヨネーズをつけても美味。注ぐ酒は、コクのある純米酒のぬる燗がおすすめ。

マリアージュの極意

あてと酒が織り成す、楽しく芳醇なひとときを過ごすには、あてと相性の良い酒を選ぶことがなによりも外せない。ワインの世界では、料理とワインの相性をマリアージュ（結婚）にたとえている。あてと酒の媒酌人・若林英司に、あらゆる酒にあてはまる、マリアージュの極意をご教示願おう。

難しく考えず、楽しんで

『まずは本能優先で』

「あてと酒を合わせる際には、**味、香り、色、状況**など、いくつかの要素を手掛かりにしています。でも皆さんには、**まずは本能的に感じたことを大切に**してほしい。あてが登場したときに、パッと見て、立ち上る匂いをかいで『あ、こういうの呑みたいな』とふっと思い浮かぶ。『今日は寒いから、おでんで熱燗だな』と思う。それです」。ダイナミックな料理が来たら、デリケートな酒を合わせようとはまず考えない。人間には本能的に感じるものがあるので、それを引き出すのが第一だと言う。「この本のマリアージュでもそうしています。『ハムで呑む』のときに、ポテトサラダを巻いて焼いたハムカツがありました。最初に説明を受けたときに、『香ばしそうだな』とイメージが湧いたので、香ばしさのあるバーボンをあてたんです。ぴったりはまりましたね」

　マリアージュと言うと、何らかの法則を踏まえなくてはいけないかな、と思ってしまうが、さにあらず。これならば、肩の力を抜いてマリアージュにチャレンジできそうだ。

ハムカツの中のポテトサラダにはコーンが入っているので、バーボンとますます合う。

納豆とキムチときたら、米がほしくなる。というわけでマッコリをあてる。

味、香りなども手掛かりに

とはいえ、本能的に感じるものを第一としつつ、若林が先に挙げた味、香り、色、状況などをよすがとするとマリアージュしやすい。ここからは、少し例を挙げつつ紹介していこう。

まず、**味については、バランスがポイント**。料理には、甘み、渋み、苦み、酸味などの要素があるが、それらのうち、突出している要素をおさえこむ酒をあてるか、あるいは、マスキングされて隠れている異なる要素を引き出すか。もしくは、さらに強

シャンパーニュなどのスパークリングは、合わせる料理を選ばない万能選手。

酸味のある料理には白ワインなど酸味のあるものを合わせると、酸味が爽やかな甘みに。

肝の濃厚で苦みのある味わいには、同じ味の方向性のウイスキーを。

調するという選択肢もある。「例えば、苦みが強いあてなら、あえて苦みを強調する。ワインで言うと、タンニンのしっかりしたタイプを選ぶ。カリフォルニアあたりの、甘さとボリューム感もあってスパイシーなワインですね。ブレンデッドウイスキーやバーボンもいい。あてと酒、それぞれの味を想像してクロスロードさせるんです」。なるほど。でも、不慣れだとちょっと難しそうだ。「もちろん僕だっていつも予想通りとはいきませんよ。『絶対合うよな』と思ったのに失敗、ということもある。でも、それがまた面白いし、その予想外をインプットして次に生かせばいいんですよ」。ちなみに、家庭でもおなじみの揚げ物には油を流す炭酸系のものを。レモンや柚子《ゆず》など柑橘類を少しプラスするのもいいそうだ。

そして、味と並ぶ大きなキーワードが香り。わかりやすいのは、**同調するような香りの酒をあてる**方法だ。

「例えば、炭火で焼いた肉には、強くて気になる炭の香りに合わせて、樽の香りのきいた赤ワイン、芳ばしい香りのウイスキーを。逆に繊細な香りの寄せ鍋なら、赤ワインは選びません。優しいタイプの白ワインや繊細なシャンパーニュ、軽やかなタイプのビールもいいですね」。モツ煮込みのような煮物の場合は、詰まった香りをスパッと切ってくれる焼酎がおすすめだ。

また、色も重視していると若林。鮭《さけ》ならロゼのワイン、白身の魚なら白ワインなど、**あての食材の色と酒を同系色で合わせる**とアプローチしやすいが、食材の色というより、一皿の全体的な色合い、ビジュアルで発想するのがポイントだ。「そうすれば、肉は赤ワイン、魚は白ワイン、といったような枠にあまりはまらずに、もっと自由に遊べます。すると、あてと酒を楽しむ側はもちろん、酒を選ぶ側もワクワクして気分が高揚する。それがいいんです」

赤い色の食べものには赤い色の酒をあてると、うまくいくことが多い。

逆に、濃厚な香りや味わいのスープには、薬草酒など強烈なキャラクターのものを。

だしの繊細な香りには、繊細なブルゴーニュの赤ワインなどもよく合う。

また、味、色、香りなど、五感で感じるもののほかに、あてそのものや食材、その場の状況や背景、物語などといった要素も酒選びのポイントとなる。

「マリアージュとは少し違いますが、いつ、どこで、誰となどの5W1Hも酒選びの大切な要素。特に日本人は四季の変化に敏感ですし」と若林は語る。

あてと酒との1＋1＝無限大！

「手掛かりにする要素がたくさんあるな、と難しく思うかもしれません。でも、考えるってとても面白いこと。例えば、あてがカレーの場合。僕はふだんなら水を飲みますが、インド料理店でならラッシーもいい。さらに、思い起こせば、子供の頃は牛乳を飲みながらカレーを食べていました。ラッシーや牛乳などの乳製品は辛さをまろやかにするんですね。それなら、カレーと酒との橋渡し役に牛乳を使おう。酒を牛乳で割るならアルコール度数の高いスピリッツがいい。その中で牛乳と相性がいいのはラムかな。じゃあ、粉ざんしょうやカレー粉少々で風味づけし、甘みを加えたホットラムミルクにしょう……。こんなふうに、湧いてくる考えをまとめていくんです。面白いでしょう？」

日本酒をワイングラスで飲むと、まろやかに。器でも味わいが変わってくる。

あてにゆかりのある飲み物でカクテルをつくってみるのも、世界が広がる。

さば缶にサヴァニャン種の白ワインを合わせるのは、だじゃれのようだが、味も合う。

　若林によると、あてと酒の1＋1は必ずしも2ではなくて、3にも4にも5にもできる。無限大だと言う。「味、香り、色、状況などはあくまでもヒントで、こうじゃなきゃいけない、はないんです。まず本能で感じたままを優先して、**何をあてるか楽しめばいい。これがマリアージュの極意です。**おいしいものを食べて、おいしいものを飲むのは一番の幸せ。皆さんに楽しみながらチャレンジしてほしいですね」

第四夜

豆腐屋を呑む

豆腐を擬人化するとなると、日本人のほとんどが女性をイメージするのではなかろうか？「豆腐のような肌」とは、まさに絹ごし豆腐のように白くきめ細かく、触れなば崩れんほどの柔肌を持つ深窓の佳人を連想させる。

また京都には「豆腐と芸妓は堅うては売れん」ということわざもある。ただ単に「物堅い女には芸妓などつとまらない」と言っているのではない。「花柳界の女たるもの、豆腐の如くあるべきだ」と暗に説いている。豆腐も芸妓も柔らかければいいというものではない。男たちのプッシュに負け、容易《たやす》く崩れるような絹ごし豆腐の危うさでは長くはつとまらない。もちろん、指でつついても微動だにしない木綿豆腐の無粋さは論外である。男どもはそのような細君たちから逃避したくて祇園や上七軒のお茶屋に通うのだから。木綿と絹ごしの中間…… 堅すぎず柔らかすぎず、見た目は絹ごしの嫋《たお》やかさを持ちつつも、木綿のように決して崩れない芯の強さを持っている、フルフルと揺れても決して形を崩さないしなやかさ…… そんな女こそ芸妓の鏡であると、このことわざは説いている。けだし名言、と言わざるを得ない。

実際、京都の豆腐屋には「京とうふ」という、絹ごしと木綿の中間の絶妙な柔らかさを持った豆腐が売られている。地元の京都人たちはもっぱら「白とうふ」と呼ぶ。湯豆腐には溶けるような口当たりの絹ごし、白和えには味とコシのある木綿、冷奴や煮奴などそのまま食べるのなら白とうふ、というわけだ。まことに味も食感も良く、酒が進む豆腐である。

豆腐は京都人のソウルフードであるとも言われるが、我々他所者《よそもの》が彼らのことを「煮ても焼いても食えない」と感じてしまうのは、面従腹背の腹黒さではなく、白とうふの柔らかな芯の強さだと理解すべきである。

大原千鶴という京女も、この「白とうふ」であろう。読者諸兄の中には彼女のファンも多かろうが、柳に風、暖簾《のれん》に腕押し、なかなかに手強い。ま、不埒《ふらち》な考えなど持たず、おとなしく彼女の繰り出す豆腐のあてで酒を呑み、絹ごし豆腐のごとくフニャフニャになるにかぎる。

個性豊かな面々を、豆腐のあえ衣がまとめ上げる。

無国籍風白あえ

材料（つくりやすい分量）

絹ごし豆腐（水きりしたもの）……… 1/4 丁
りんご（食べやすい大きさに切る）……… 1/8 コ
パクチー（食べやすい長さに切る）……… 1/4 ワ
アボカド（2㎝角に切る）……… 1/2 コ
練りごま（白）……… 小さじ1
塩・ラーユ ……… 各少々

つくり方

1 豆腐をつぶして、練りごま、塩を加えて練り上げ、りんご、パクチー、アボカドを加えてあえる。

2 器に盛り、ラーユをかける。

合わせるのは

【若林オリジナルカクテル】

豆腐には豆乳たっぷりのカクテルを。豆乳、ジン、洋梨のリキュール、アーモンドシロップ、ペパーミントのリキュールを合わせて。アルコールは少量にして豆乳を引き立たせます。

こんなお酒でも

紹興酒のソーダ割り

削り節と
とろろ昆布を加えれば、
だし汁要らず。

だし豆腐

材料（2人分）

絹ごし豆腐 ……………………………… ¼丁

A
- 削り節 ………………… 1パック（3g）
- とろろ昆布 ……………………… 適量
- うす口しょうゆ …………… 小さじ1
- 細ねぎ（小口切り）・
- すだち（輪切り）…………… 各適量

つくり方

豆腐と水カップ¼を耐熱容器に入れ、ラップをふんわりかけて電子レンジ（600W）に2分間かける。ラップを外し、Aを加える。スプーンですくって汁ごと食べる。

合わせるのは

【日本酒】

天狗舞 文政六年 吟醸仕込純米

熟成した香りと、米のうまみが持ち味の日本酒。豆腐の柔らかな味わいに、よく調和します。

こんなお酒でも

甲州種の白ワイン

おからにすし酢を混ぜ込んで
酢飯に見立てる。
ネタは冷蔵庫の残り物を。

おからずし

材料（2人分）

おから（フライパンでいる）…………20g
甘酢
　酢・砂糖…………………各大さじ1
　塩……………………………小さじ¼
焼きのり……………………………適量

つくり方

1 甘酢の材料を混ぜたものを、おから全体にまぶしてよく混ぜる。俵形ににぎり、のりで軍艦巻きにする。

2 その上に好きなものをのせて食べる。例えば、きゅうりのぬか漬けと梅肉、しょうがのつくだ煮と柚子《ゆず》の皮、チャンジャと細ねぎなど。

合わせるのは

【国産白ワイン】
シャトー・メルシャン
甲州きいろ香　2015

山梨県産甲州種のワインは、かんきつ感に隠された、爽やかな苦みが特徴。酢の酸味に対してワインの酸味をあてると、ほのかな甘みが生まれます。

こんなお酒でも

吟醸酒

お揚げさんの中に
チーズとトマトが溶け合って、
メキシカンな味わいに。

お揚げさんでケサディーヤ

材料（つくりやすい分量）

油揚げ（25×12㎝）……………………1枚
トマト（縦4等分に切る）………………1コ
スライスチーズ（溶けるタイプ）……適量
サルサソース
　トマト（さいの目切り）…………大さじ3
　ピーマン（みじん切り）……大さじ$\frac{1}{2}$
　レモン汁……………………………小さじ$\frac{1}{2}$
　塩……………………………………………少々
しょうゆ・削り節……………………各少々

つくり方

1 油揚げは半分に切って、袋状に開く。トマト、チーズを詰めて、つまようじで口をとめる。

2 油を使わずに、フライパンで1の両面をこんがりと焼き上げる。

3 サルサソースの材料を混ぜ合わせ、2に添える。しょうゆをかけ、削り節をのせる。

合わせるのは

【メキシコビール】
コロナ・エキストラ ボトル

好みでライムを搾ったり、瓶の中に入れても。それほど強くないホップの苦みが、香ばしい料理に最適です。

こんなお酒でも

スペイン、リアス・バイシャス産アルバリーニョ種の白ワイン

やさしい味の厚揚げには、明太子と卵黄の濃厚なあえ衣をまとわせて。

焼き厚揚げの明太子あえ

材料（2人分）

厚揚げ ……………………（小）2枚（160g）
からし明太子（薄皮を取る）
……………………………………½腹（30g）
卵黄 ………………………………1コ分
細ねぎ（小口切り）………………少々

つくり方

1 厚揚げは食べやすい大きさに切って、油を使わずにフライパンで全体をこんがりと焼き、火を通す。

2 ボウルに明太子と卵黄を入れて混ぜ合わせ、1を加えてあえる。器に盛り、ねぎをのせる。

合わせるのは

【ハイボール】
白州ハイボール

厚揚げの香ばしさと、からし明太子のほどよいピリ辛感を、ハイボールの刺激的な泡がまとめてくれます。

こんなお酒でも

ドライシェリーの
マンサニーリャ

甘辛味で
焼きつければ、
ワインにも合うあてに。

がんもの甘辛焼き

材料（つくりやすい分量）

がんもどき……………………2コ（130g）
ごま油……………………………小さじ1

A	みりん…………………………	大さじ2
	うす口しょうゆ………………	大さじ1
B	柚子《ゆず》の皮（あられ切り）・木の芽・練りがらし	
	…………………………………	各適宜

つくり方

1 がんもどきは1コを4等分に切り、ごま油をひいたフライパンでこんがりと焼く。Aを回し入れ、がんもどきにからめるようにしながら煮詰める。

2 器に盛り、好みでBを添える。

合わせるのは

【国産赤ワイン】
岩の原ワイン 深雪花（赤）

マスカット・ベーリーA種という日本生まれのブドウ品種によるワイン。焦げた香り、甘辛の味わいを、熟成された果実味が引き立てます。

こんなお酒でも

紹興酒のぬる燗

シメは……

揚げだし豆腐にゅうめん

だしの香りが
やさしく立ちのぼるにゅうめん。
豆腐と合わせるため、
つゆは少し濃いめに仕立てる。

合わせるのは

【赤ワイン】

モンテリ・レ・デュレス 2010

ブルゴーニュ、コート・ド・ボーヌ産ピノ・ノワール種の赤ワイン。呑んだ後味にはかつおのうまみのような味わいが広がり、だし汁にぴったり。

こんなお酒でも

シングルモルトウイスキーをストレートで

材料（2人分）

- 絹ごし豆腐 ……… ½丁
- そうめん ……… 2ワ
- かたくり粉・サラダ油 ……… 各適量
- かけつゆ
  - だし ……… カップ3
  - うす口しょうゆ ……… 大さじ1
  - 塩 ……… 少々
- A 大根おろし・削り節・しょうが（すりおろす）・細ねぎ（小口切り）・一味とうがらし ……… 各適宜

つくり方

1. 豆腐は6等分に切り、紙タオルの上に置いて水きりをする。そうめんはゆでて水にとり、よく洗ってざるに上げる。
2. 1の豆腐全体にかたくり粉を薄くまぶし、サラダ油を少し多めにひいたフライパンで揚げ焼きにする。
3. かけつゆの材料を鍋に入れて火にかける。1のそうめんを入れて温め、椀《わん》に盛る。
4. 3に2をのせ、好みで薬味にAをのせる。

＼ まだ飲みたい！ ／

ふんわりやっこ

材料とつくり方（2人分）

絹ごし豆腐½丁をフードプロセッサーにかけて滑らかにして器に盛る。刻んだみょうが2コ分をのせ、ごま油少々、しょうゆ・粉ざんしょう各適量をかける。軽やかな味わいとしっかり効いたみょうがに、まろやかな純米酒を。フローラルで心地よい甘みが残る、モーゼルのリースリングも合う。

第五夜　納豆で呑む

納豆。この国民的食材が長きに渡り不当で屈辱的な評価を受けて来たことに、一人の納豆好きとして義憤を禁じえない。安価で栄養価が高く、白飯の供としてはこれほど庶民に支持されている物もないのだが、その匂い故か、はたまた食べる際に盛んに糸を引く不様さのせいか、日本が西洋かぶれした近代以降「品のない庶民の食べ物」と富裕層から敬遠されて来た。さらに高度経済成長を遂げた昭和40年代くらいになると、ついこの前まで毎朝納豆をかき回していた中間層までが「朝はパンじゃなきゃ」とか「あたしはシリアル派」などとぬかし、豊かになっていく踏み絵として「納豆蔑視」を始めおった。

この風潮はフレンチだイタリアンだと慣れぬ見栄を張ったバブル時代にその極《きわみ》に達するのだが、そういう受難の時代でも納豆信仰は守られて来た。信仰と食欲の自由はどんな抑圧にも耐えることを歴史が証明しているのだ。

なるほど納豆は、まだ日本が貧しかった時代を象徴する食べ物であることは間違いない。かつて、このネバネバと発酵した植物性アミノ酸を乗せた飯をかき込んで活力をつけ、働いて、働いて、立身出世した昭和の男たちが数えきれないほどいた。少なくとも彼らやその糟糠《そうこう》の妻たちが、思い入れ深い納豆を「格好悪い」と蔑むわけがない。そのような愚行をしたのは、座して成功の恩恵にあずかった彼らの子供や眷属《けんぞく》たちだろう。本当は納豆好きなくせにな。

そういう愚か者どもが何をしたかを検証すると興味深い。ネバネバの納豆を白飯の上に乗せるという行為が恥ずかしい彼らは、トッピングとしてパスタに乗せたり、蕎麦に乗せたり、果ては納豆トーストなどという奇怪な物まで考案して、周囲からの指弾をかわしてきた。まさに愚の骨頂である。なぜ素直になれんのだ!

しかし納豆は健気にも、黙々と他の食材を引き立てる日陰者の時代を耐え抜いて来た。せめて我々酒呑みは、その善き理解者であらねばならない。マグロやイカと合わせてよし、油揚げにはさんで焼いてよし、キムチとも明太子とも合う。今宵も盃を片手に、この万能なネバネバの苦労人を讃えよう。「私は納豆が大好きですっ」と。

アジアの食材が
ひとつにまとまり、
魅惑のあてに。

納豆とキムチの包み揚げ（サモサ風）

材料（つくりやすい分量）

納豆 ……………………… 1パック（30g）
白菜キムチ・細ねぎ（小口切り）…各少々
ギョーザの皮（市販）………………… 6枚
揚げ油 ……………………………… 適量
練りがらし・酢・しょうゆ ……… 各適宜

つくり方

ギョーザの皮で、納豆、キムチ、ねぎを包んで180℃の油で揚げる。からし酢じょうゆをつけて食べるのがおすすめ。

合わせるのは

【マッコリ】
草家　米マッコリ

韓国産純米マッコリ。納豆もキムチも米との相性は言わずもがな。濃厚な味わいを、マッコリの酸味がきれいにまとめます。

こんなお酒でも

生ビール

多彩な具材を
混ぜ合わせ、
やみつきになる
ひとさじに。

アボカドとチーズの納豆あえ

材料（2人分）

納豆 ……………………… 1パック（30g）
アボカド ……………………………… ½コ
プロセスチーズ
（または好みのハードチーズ）……… 30g
梅干し ………………………… （小）1コ
焼きのり（ちぎる）………………… ½枚
しょうゆ ……………………………… 少々

つくり方

1 アボカド、チーズは約7㎜角に切る。梅干しは種を除いて、包丁でたたく。

2 すべての材料をボウルで混ぜ合わせる。柔らかいアボカドが少しくずれ、全体になじむまで混ぜる。さじに盛ると食べやすい。

合わせるのは

【赤ワイン】
オー・ボン・クリマ ピノノワール
"ノックス・アレキサンダー" 2012

梅干しの酸味とピノノワール種の酸味は好相性。なかでも、果実味の強いカリフォルニア産は、納豆の味わいに引けをとりません。

こんなお酒でも

スコッチウイスキーを
ロックで

一休寺納豆の大原流アヒージョ
油に溶け込んだ
一休寺納豆からは
まろやかなうまみが。

材料（2人分）

一休寺納豆*（細かく刻む）……20g
A ゆでだこの足（薄切り）……1本
A たまねぎ（薄切り）……½コ
A ミニトマト……5コ
オリーブ油……大さじ2～3
木の芽……適量

*麹菌で発酵させた大豆を天日干しにしたもの。豆鼓（トーチ）でもよい。

つくり方

1 小さい土鍋かフライパン（スキレット）にAを並べ、オリーブ油、一休寺納豆を全体にかけ、火にかける。

2 たまねぎがしんなりしたら木の芽をのせる。

合わせるのは

【 シェリー酒 】
ウイリアム・ハンバート・コレクション
ドン・ソイロ・フィノ
スペインのキレのよいシェリー酒が、あての濃厚さをすっきりとまとめます。

シメは……

納豆パスタ

ショートパスタが
具材のうまみを残さず含む。
ふつうの納豆にドライ納豆を加える、
納豆オン納豆が大原のおすすめ。

材料（2人分）

納豆……1パック（30g）
豚肩ロース肉（豚カツ用）……1枚
たまねぎ（粗みじん切り）……¼コ
トマト（粗みじん切り）……1コ
青じそ（粗く刻む）……5～6枚
フジッリ（ショートパスタ）……120g
ドライ納豆（あれば）……適量
塩・こしょう……各適量
しょうゆ……小さじ2

つくり方

1 豚肉は大きめのさいの目に切り、塩・こしょうを全体にまぶす。フジッリは袋の表示どおりにゆでる。

2 たまねぎと1の豚肉を炒め、肉に火が通ってこんがりとしたら、納豆、1のフジッリ、青じそ半量を加える。しょうゆを回し入れ、ザッと炒めて火を止める。

3 皿に盛り、残りの青じそ、ドライ納豆、トマトをのせる。

合わせるのは

【スパークリングワイン】
シャンドン
ブリュット

オーストラリア・ヴィクトリア州産のスパークリングワイン。タンブラーに氷をたっぷり入れて。ガッツリしたシメをキレよく爽やかに流し込めます。

こんなお酒でも
カンパリソーダ

特別講義・ワイン入門講座

今やワインは、ビールや日本酒などと並ぶ家呑みの定番酒。
酒販店、ネットの販売店からコンビニエンスストアに至るまで、
さまざまなワインがあふれているなか、
今宵の一本をどう選べばいいのか、どう楽しめばいいのか。
ワイン好きの入門者のために、トップソムリエ・若林英司が指南。

『ワインの選び方』

「どこで買うにしろ、**予算が大前提**です」と開口一番に若林。値段が高ければいいというわけではなく、自分が買いたいワインを具体化するためには、まず予算をはっきりさせることだと言う。

予算の次が、カテゴリー。飲みたいのは、赤、白、ロゼなのか。あるいはシャンパーニュなどスパークリング（発泡性）ワインなのか。さらに、渋みや酸味の有無などの味わいのタイプに自分の好きなタイプをあてはめていくと、買うべきワインの答えがおのずと出てくるのだと言う（左頁表参照）。もちろん、入門者にとっては自分で答えを導き出すのは難しい。だから、ここまで紹介した要素を店の販売員に伝えて選んでもらえばいいし、ネットの専門店で購入する場合はタイプなどの選択肢が提示されている場合も多い。

「例えば、予算が2000円でカテゴリーが赤、味わいのタイプは酸味がなく、タンニン、コクのあるタイプなら、オーストラリアやカリフォルニアのカベルネソーヴィニヨンかシラーとなりますね。ブドウ品種による個性は産地や条件によって異なるので、足掛かりにはなりにくいです。ヴィンテージもふだん飲みのワインの場合は考える必要はありません」

ふだん飲みのワインは購入したら、その日のうちに飲むくらいがいい。保管する場合はワインセラーがあれば言うことはないが、なければ**夏季は新聞紙などでくるみ、乾燥しないよう濡らしたタオルなどと一緒に冷蔵庫の野菜室に。**

❶ 価格

□円代

❷ カテゴリー

- □ 赤
- □ 白
- □ ロゼ
- □ 発泡性

❸ 味わいのタイプ

- □ 渋みがある
- □ コク、ボディがある
  - □ フル
  - □ ミディアム
  - □ ライト
- □ 酸味がある
- □ 甘みがある

例えば、「2000円台の白で、酸味があるもの」などと店員さんに伝えてみましょう

グラスは2種類からスタート

グラスは、ワインを引き立てる大事な脇役。ワインの色、香り、味を楽しむには、タンブラーより、やはり足（ステム）つきで、口当たりのよい薄手のものがおすすめだそう。「カテゴリーやブドウ品種ごとにいろいろなワイングラスがありますが、まずは口がややすぼまっている赤・白兼用の万能形があれば十分。スパークリングワインがお好みなら、万能形に加えて専用のグラスを用意しておきましょう」

まずは赤白兼用のボルドー形（左）と、発泡用のフルート形（右）を用意しよう。

「きちんと味わうには」

　実際に飲む前には、**ワインを適温に。**「カテゴリーやブドウ品種などによって異なりますし、室温によっても違ってきますが、スパークリングワインや白の1杯目はよく冷えているほうがおいしく感じます。赤でも温度が高すぎるとアルコールを感じやすいので、16～18℃くらいに。スパークリングはビールの適温より高めの8～12℃。ただ、もっと冷たくしてもいい場合もありますが。白はスパークリングより少し高めくらいですね」

「翌日の」白ワインには氷と炭酸を加えて。パスタなどによく合う。

口に入れるときはこのくらいの角度で。

注ぐ量は、写真のようにグラスがふくらみきる手前で。

　グラスに注ぐときは、グラスのふくらみの下くらいまでを目安に。見た目も美しく、香りがよく広がる。グラスから口にふくんだら、すぐに飲み込まず、口腔内全体に転がして舌全体で、酸味や渋みなどをしっかり味わう。

　ちなみに、飲み残したり、その日のあてに合わなかったりした場合は、コルクで栓をして保管を。「空気に触れることでワインは変わります。翌日くらいのほうがおいしくなる場合もあるんです。また、**翌日、氷や炭酸水を加えて楽しむのもいいですね。赤ワインなら、オレンジやスパイスを加えれば即席のサングリア**になりますよ」

ふだん飲みなら、リーズナブルに自由に楽しく

リーズナブルなワインでもわが家でいつもの料理に合わせれば、グンと豊かなひとときになる。若林自身、自宅で楽しむために、コンビニエンスストアで1000円台のロゼのスパークリングワインを買って帰ることがあるそうだ。「**スパークリングワインはどんな料理にも合わせやすい**、まさに発泡美人。ほかに家で楽しむなら、赤は、南仏、イタリア、スペインなど温暖な気候の産地のものがおすすめ。グルナッシュ（ガルナッチャ）なら、焼き鳥、回鍋肉、スパイシーな料理などにも合います。白なら日本の甲州。刺身、寄せ鍋などの鍋料理のほか、山菜を使った料理などにも合う。そもそも、料理に合わせようと頑張らなくても、**買ってきたワインを開けて味わい、それから、そのワインに合いそうな料理をつくり始めてもいい**んですよ。ご参考に、私がふだん飲みに買うワインをご紹介します」

若林おすすめ！安うまワイン

【赤】

ガルナッチャ・ディ・フエゴ ボデガス・ブレカ

価格帯からは想像できない飲みごたえ。

【白】

グレイス グリド甲州

日本料理にぴったりの国産ワイン。

【発泡・ロゼ】

コノスル ロゼスパークリング

ロゼスパークリングは特に料理に合わせやすい。

【発泡】

コドーニュ クラシコ・ブリュット

安く泡を飲むなら、スペインのカヴァ。

第六夜　肝で呑む

肝臓。言わずと知れた動物の臓器の一つ。非常に多機能な臓器で、代謝、解毒、体液の恒常性などを受け持つデキる奴だ。おまけに再生能力が高く、少々のことでは弱音を吐かない忍耐強さから「沈黙の臓器」とも呼ばれるニヒルな切れ者。新撰組隊士に例えるなら土方歳三といったところだろうか？　うむ、我ながらいい例えだ。さしずめ近藤勇は心臓、沖田総司は十二指腸……　いや肺か？　ま、そんなことはどうでもいい。

肝臓。我々が食する動物のそれは肝と呼ばれる。ああ、肝……　動物がその体内深く隠し持つ肝心要の宝箱。お馴染みの牛、豚、鶏のレバーはもちろん、ガチョウの肝はお宝中のお宝であるフォアグラだ。魚に目を転じればあん肝にイカ肝、サザエの肝と多士済々。カワハギの肝なんぞも酒を進ませる。おお、忘れてならないのがカニみそ。あれも脊椎動物における肝臓の役割を果たす物体であること、もちろん酒好きの諸兄らはご存知だろう。

とにかく「肝」という響きに酒呑みは弱い。肝をあてにゆっくりとやる感じがたまらない。グビグビいくビールやハイボールよりも日本酒かワイン、あるいはウイスキーや焼酎といった蒸留酒でちびちびとやるにふさわしい大人なあてである。

肝を肴にゆったりと酒を愉しむ酒客の姿は、洋の東西を問わず風格がある。これはパリの8区にある名の知れた老舗レストランでの出来事。ほとんどの客たちがコース料理を食べる中、一人で来店したその女はアラカルトでフォアグラのテリーヌ一皿だけを注文し、カットしたオレンジを添えるよう給仕に言った。注文した酒は、ソーテルヌの女王「シャトー・ディケム」のハーフボトル。「神々の甘さ」と讃えられる至高の甘口白ワインだ。女はフォアグラを少し口に入れ、彼女の髪と同じ黄金色に熟成したディケムを、小ぶりなシェリーグラスでスイっと飲んで口の中でマリアージュを愉しむ。今度はオレンジとフォアグラを一緒に食べ、またディケムをスイっと一口。たっぷり二時間をかけて一皿を愉しむと、その女……　カトリーヌ・ドヌーブは、会計を済ませ店を出て行きおった。いや、まったくの眼福。ええもん見たわい。

焼いたいかに、
いかの肝をディップにし、
いかのすべてを
あてにする。

するめいかの肝ディップ

材料（2人分）

するめいか（新鮮なもの）………… 1ぱい
いしり*（なければしょうゆ）……小さじ1
塩・レモン（くし形切り）………… 各適量

*石川県の奥能登でよく造られる、いかを原料とした魚醤。

つくり方

1 いかはワタを取り出し、アルミ箔《はく》にのせて塩少々を全体にふり、魚焼きグリルでこんがりと焼く。ボウルに入れ、いしりをかけてざっくりと混ぜる。

2 いかの胴は開いて皮をむく。縦半分に切ってから1.5㎝幅に切り、塩少々を全体にふって焼き網でサッと焼く。

3 2のいかの胴にレモンを添え、1をつけて食べる。

合わせるのは

【スコッチウイスキー】
ジョニーウォーカー
ブラックラベル12年

水割り（ウイスキー1に対して冷たいミネラルウォーターを3）を、ボルドータイプのワイングラスに注ぐ。グラスの中で香りが丸く混ざり合い、アルコール臭もやわらぎます。肝の濃厚さには熟成された酒を。

こんなお酒でも

山廃仕込みの純米酒

レバーは甘辛の
しっかり味に、
粉ざんしょうを
たっぷりと。

牛レバーのにんにくコチュジャン焼き

材料（つくりやすい分量）

牛レバー……100g
ねぎ（5㎝長さに切る）……1本
塩・こしょう・かたくり粉・ごま油…各適量
たれ
　にんにく（すりおろす）……少々
　コチュジャン……小さじ½
　砂糖・しょうゆ……各大さじ1
粉ざんしょう……適量

つくり方

1 たれの材料を混ぜる。レバーは食べやすい大きさに切り、紙タオルで水けを拭く。全体に塩・こしょうをふり、かたくり粉を薄くつける。

2 ごま油をひいたフライパンで、レバーを両面焼く。裏返すときにねぎを加える。レバーが焼けたらたれを回し入れて全体にからめ、火を止める。器に盛り、粉ざんしょうをたっぷりかける。

合わせるのは

【シードル】
クラフトシードル
ノーザンアルプスヴィンヤード

若林の故郷・長野県のりんごを使用した、ドライなシードル。レバーのコクとうまみをしっかり流してリフレッシュさせることで、食べ飽きません。

こんなお酒でも

チリ産カルムネール種の赤ワイン

ひよこ豆と砂肝のサブジ

アジアのおいしさが混然一体に。

材料（2人分）とつくり方

1 砂肝150gは筋を取って食べやすい大きさに切り、塩少々を全体にふってもむ。

2 鍋にサラダ油大さじ1を熱してマスタードシード小さじ1を炒め、にんにく（みじん切り）小さじ1、たまねぎ（小／粗みじん切り）1コ分、1の砂肝を加えて炒める。

3 砂肝の色が変わったら、ひよこ豆（ドライパック）1袋（100g）、砂糖・しょうゆ各大さじ3、塩小さじ1、黒こしょう（粗びき）小さじ½、カレー粉大さじ1を加えて炒める。

4 砂肝に火が通ったら、ピーマン（粗みじん切り）1コ分、ミニトマト（ヘタを取って半分に切る）10コを加える。ミニトマトが少ししんなりしたら火を止め、豆に味が入るようにいったん冷ます。器に盛り、トマト（あられ切り）とチャービル各適量を添える。

合わせるのは

【 白ワイン 】

ファミーユ・ヒューゲル
ゲヴェルツトラミナー・ジュビリー

フランス・アルザス地方のワイン。ゲヴェルツトラミナー種は甘みとスパイシーな香りが持ち味。あてのスパイシーさと引き立て合います。

シメは……

肝ご飯

シメ界のスター、しょうゆバターご飯に、
レバーを合わせて、
ハフハフしながらいただきます。

材料（2人分）

鶏レバー……50g
塩・小麦粉・オリーブ油……各適量
バターご飯
　ご飯（温かいもの）……2膳分（200g）
　バター……10g
　しょうゆ……小さじ1
青じそ（せん切り）……少々

つくり方

1 アルミ箔《はく》にバターご飯の材料をのせて包み、魚焼きグリルで約5分間焼く。

2 レバーは洗って水けを拭き、一口大に切って全体に塩をふり、小麦粉をつけてオリーブ油で焼いて火を通す。

3 1の上に2のレバーと青じそをのせる。

合わせるのは

【日本酒】

満寿泉

純米大吟醸 スペシャル

ブルゴーニュ地方、シャサーニュ・モンラッシェの樽で熟成させた日本酒をワイングラスに注いで。日本酒の味わいに、白ワインの香りが漂い、シメの香ばしさによく合います。

こんなお酒でも

ウイスキーの水割り

第七夜

漬物で呑む

映画監督の小津安二郎は漬物が好きだった。彼自身が好んで食べるだけでなく、よく土産や御使い物にも漬物を選んで贈ったという。小津の書き残した忘備録にも京都の漬物店「東山八百伊」や「村上重本店」というお気に入りの店名が見受けられる。

小津の名作『お茶漬の味』では、田舎出身の質朴なサラリーマンと、東京の上流階級出身の妻の深刻なカルチャーギャップが食事をモチーフに描かれている。最後にこの夫婦が和解するシーンでお茶漬けを一緒に食べるのが印象的だ。佐分利信演じる夫が「腹が減った」と言う。木暮実千代演じる妻が「パンはいかが?」と言う。夫は「お茶漬け」と一言。夫婦は並んで台所に立ち、お茶漬けの準備をする。妻はあれほど嫌っていたぬか床に手を突っ込み、漬物を取り出す。ぬか漬けをぽりぽりと噛み、お茶漬けをサラサラとかき込む二人。妻が自分の手を嗅いで「まだぬか臭いわ」と笑うと、夫が「さぞ君の手もびっくりしただろうね」と切り返す。あのお茶漬けに添えられていたぬか漬けは胡瓜か茄子か記憶が曖昧だが、我が輩ならお茶漬けではなく、「漬物で一杯やろうか」と細君に言うだろう。ほどよく漬かったぬか漬けでやる日本酒は格別だ。同じ米からできている日本酒とぬかの相性が悪かろうはずがない。香りの強い大吟醸とかではなく手頃な本醸造がいい。常温でイキたいものだ。

ベテラン俳優のT氏から聞いた映画と漬物の話をもう一つ。池袋の東口にある名画座「文芸坐」(現「新文芸坐」)の姉妹館で、昭和四十三年に閉館した「人世坐」という伝説的な映画館があった。なんとこの人世坐のロビーにはオーナーの漬けたぬか漬けが二十樽ほど並べられており、計り売りされていたらしい。売店で売っているビールやカップ酒のあてにするため、というから面白い。二本立て映画の休憩時間に漬物で一杯やれるなんて、なんとオツなことか。ただし、ぬか床の匂いが映画館の中まで漂っていたそうだ。T氏曰く、当時人世坐で観たゴダールやトリュフォー、ヴィスコンティの作品をDVDで見返したりすると、無性にぬか漬けでカップ酒をやりたくなって困るらしい。

チーズと高菜の、
思いもよらない
好相性に舌を巻く。

高菜漬けと豚肉のチーズ焼き

材料（2人分）

高菜漬け（粗く刻む）……………………30g
豚肩ロース肉（豚カツ用）……………1枚
シュレッドチーズ（溶けるタイプ）……30g
塩・こしょう・かたくり粉・ごま油（白）・
パセリ（刻む）………………………各適量

つくり方

1 豚肉は約3cm角に切り、塩・こしょうをしてかたくり粉を薄くまぶす。ごま油をひいたフライパンで焼いて火を通す。

2 耐熱容器に1の豚肉を入れて、高菜漬け、チーズをのせる。オーブントースターまたは魚焼きグリルで、チーズが溶けてこんがりするまで焼く。仕上げにパセリを散らす。

合わせるのは

【赤ワイン】

ガルナッチャ・サルバヘ・デ・モンカヨ2014 ガルナッチャ・デ・エスパーニャ

スペイン、ナバラ州の赤ワイン。ベリーの後ろに少しスパイシーさを感じる香りです。まろやかでコクのある味わいが、うまみたっぷりの具材がそろったあてに、ぴたりと寄り添います。

こんなお酒でも

シュール・リー製法の
甲州種白ワイン

白菜と白菜の浅漬けの両方使いで、絶品のだしをいただく。

鯛《たい》の漬物小鍋

材料（つくりやすい分量）

白菜・白菜の浅漬け	各120g
たい（切り身）	2切れ
ミニトマト	5コ
だし	カップ2
うす口しょうゆ	大さじ½
塩	適量

つくり方

1 たいは食べやすい大きさに切り、塩をふって約10分間おいてから熱湯をかけ、湯をきる。白菜と白菜の浅漬けは7㎜幅の細切りにして土鍋に入れ、だしとうす口しょうゆを加えて火にかける。

2 1の土鍋が沸騰したら、1のたいとミニトマトをのせてふたをずらしてのせる。吹きこぼれないくらいの火加減で約3分間煮て、たいに火が通れば完成。

合わせるのは

【シャンパーニュ】
ビルカール・サルモン ブリュット・レゼルヴ

キリッとしていて、ミネラル感があり、うまみを引き出すタイプのシャンパーニュ。繊細な味わいが、だし汁の繊細なうまみによく合います。

こんなお酒でも

シャブリのような
キレがあり繊細な白ワイン

たくあんとチーズののりあえ

四者四様の食感と風味があとをひく。

材料（2人分）

たくあん（細切り）……………………………30g
好みのチーズ（7㎜角に切る／写真はアーモンド入りのプロセスチーズを使用）……………………………30g
焼きのり（ちぎる）……………………………½ 枚
大根おろし ……………………………大さじ2

つくり方

材料をすべて混ぜ合わせる。

※チーズのくせが強ければ、かんきつ類の果汁を混ぜるとよい。

合わせるのは

【 発泡日本酒 】
菊泉 ひとすじ 発泡純米酒
シャンパーニュと同様に、瓶内二次発酵で造られたスパークリング日本酒。泡の爽やかさが、いろいろな味わいをまとめてくれます。

シメは……

黄身のしょうゆ漬けねこまんま

黄身をしょうゆに一晩漬ければ、いつものねこまんまが大変身！

材料（1人分）

卵黄 ……………………………1コ分
しょうゆ ……………………………小さじ1
ご飯（温かいもの）……………………………1膳
削り節・細ねぎ（小口切り）・好みの漬物……………………………各適量

つくり方

1 卵黄はおちょこのような小さな器に入れ、しょうゆを加えてラップをし、冷蔵庫で一晩おく。

2 ご飯に**1**をしょうゆごとかけ、削り節とねぎを添える。好みの漬物とともに食べる。

ねぎは必須
荒びき黒こしょうも！
しょうゆは小2/3

合わせるのは

【日本酒】
廣戸川
特別純米

黄身の滑らかさに純米酒のとろっとした滑らかさを合わせ、卵の濃厚さを包み込みます。ワイングラスに注いで飲むと、さらにとろりと口の中に。

こんなお酒でも

酸味の少ないまろやかな
赤ワイン

肉のあて

番外

大原とっておきのあて

焼きコンビーフ
簡単トマトソースが
味の決め手。

合わせるのは

【ウォッカトニック】

氷を入れたタンブラーにウォッカとトニックウォーターを合わせたカクテル。刺激的な泡が、あての香ばしさとトマトの酸味を引き立てます。

こんなお酒でも

すっきりとした日本のビール

材料（2人分）

コンビーフ（缶詰）…………… 1缶（100g）
小麦粉 ……………………………… 適量
ソース
| トマト（すりおろす）…………（小）1コ
| トマトケチャップ ………… トマトと同量
バジルの葉 …………………………… 適宜

つくり方

1 コンビーフは上下の面にだけ小麦粉を薄くつけ、表面加工のしてあるフライパンにのせて弱火にかける。ふたをしてゆっくりとコンビーフを温めるように、両面を焼く。脂がにじみ出てくることでカリッと焼ける。

2 ソースの材料を混ぜ合わせる。

3 皿に2のソースを敷き、1のコンビーフをのせ、あればバジルを添える。くずしてソースと混ぜながら食べる。

豚バラのカリカリ焼き
カリッと焼くと、
酒によく合う。

材料（2人分）

豚バラ肉（薄切り）……………………100g
塩 ……………………………… 約小さじ¼
黒こしょう（粗びき）・練りがらし … 各適量

つくり方

1 豚肉全体に塩をふり、約10分間おく。

2 表面加工のしてあるフライパンに1の豚肉を並べ入れ、弱めの中火で肉の脂が出てカリッとするように焼く。焼けたら紙タオルにのせ、余分な脂を取る。器に盛り、黒こしょうをふり、からしを添える。

合わせるのは

【 スコッチウイスキー 】
バランタイン12年
水割りで。豊かな香りが、塩け、辛み、香ばしさをまとめます。

ささみの塩焼き
かんきつ類の
酸味を添えて。

材料（2人分）

鶏ささ身 ……………………………… 1本
塩・すだち ………………………… 各適量

つくり方

ささ身は縦に切り目を入れ、左右に開いて筋を取る。焼き網を熱し、ささ身をのせて塩を両面にふりながら焼き、ささ身に火を通す。すだちを搾り、ささ身を手で裂きながら食べる。

合わせるのは

【 日本酒 】
真澄 YAWARAKA TYPE-1
軽やかでフルーティーな純米吟醸酒。ささ身のやさしく繊細な味わい、すだちの心地よい酸味に合います。

たこチョジャン

淡泊な味わいに韓国風酢みそを。

材料（2人分）

ゆでだこの足 …………………………… 1本
青じそ …………………………………適量
青柚子《ゆず》の皮（あれば／せん切り）……適宜
たれ
- コチュジャン ……………………小さじ2
- 米酢・砂糖 …………………各大さじ1

つくり方

1 たれの材料をよく混ぜる。

2 たこを薄めに切り、青じそを敷いた器に盛り、1のたれをかける。青柚子の皮を散らす。

合わせるのは

【赤ワイン】
サントネイ・ルージュ
オリヴィエ・ルフレーヴ
ブルゴーニュ産の赤ワイン。あての甘辛い味や、酸味を軽快にしてくれます。

バター明太子のり巻き

おいしすぎる、禁断の組み合わせ。

材料（2人分）

焼きのり・バター・からし明太子
…………………………………………… 各適量

つくり方

焼きのりは食べやすい大きさに切り、細長く切ったバターと明太子をのせ、巻いて食べる。

合わせるのは

【赤ワイン】
カンポフィオリン マァジ
バターのまろやかさ、明太子のピリ辛、のりのしっとり感に、コクとうまみのあるイタリアの赤ワインを合わせます。

煮干しのごまめ

煮干しでつくる、
あとひく簡単ごまめ。

材料（2人分）

煮干し（オーブン用の紙に広げ、電子レンジ [600W] に1分30秒間かける）‥20g
いりごま（白）・七味とうがらし ‥ 各適量
たれ
　水・酒 ……………………… 各大さじ1
　砂糖 ……………………… 大さじ1½
　しょうゆ …………………… 大さじ½

つくり方

表面加工のしてあるフライパンに、たれの材料を入れて中火にかける。あめ状になったら火を止め、煮干し、いりごまと七味とうがらしを加えて一気にからめる。オーブン用の紙の上に、食べやすい大きさに手早く分けて冷ます。

合わせるのは

【 ジントニック 】

氷を入れたタンブラーにジンとトニックウォーターを合わせたカクテル。あての香ばしさと甘辛味には爽やかな香りのジンが好相性。

アンチョビの梅おろしあえ

さっぱり感が
酒を呼ぶ。

材料（2人分）

アンチョビ（フィレ／食べやすい大きさにほぐす）……………… 1枚（5g）
大根おろし ……………………… 100g
梅干し（ちぎる）……………………… 1コ
焼きのり（ちぎる）…………………… ½枚
細ねぎ（小口切り）…………………… 適量

つくり方

大根おろしにアンチョビ、梅干し、のりを入れてよく混ぜる。器に盛り、ねぎをふる。

合わせるのは

【 スパークリングワイン 】

カヴァ・グラン・キュヴェ・ジョセップ・ヴァイス ロジャー・グラート

スペイン産のスパークリングワイン。梅の爽やかさとアンチョビのうまみにフローラルでドライな泡がよく合います。

乾きもののあて

さきいかの即席漬け

さきいかのうまみが大活躍。

合わせるのは

【日本酒】
純米酒 浦霞

すっきりとした味わいが、あてのシャキシャキ感とうまみに、爽やかな後味を添えます。

こんなお酒でも

ミュスカデのような、ドライで軽やかな辛口白ワイン。

材料（2人分）

さきいか・切り干し大根……………各 10g
紫たまねぎ（薄切り）・セロリの葉（せん切り）
……………………………………………各少々

たれ
- 水…………………………………大さじ3
- うす口しょうゆ・柚子《ゆず》の搾り汁
  ………………………………………各大さじ1

つくり方

1 ボウルにたれの材料を混ぜ合わせ、さきいかを約5分間つける。切り干し大根はサッと洗って水につけ、約1分間おいて水けを絞る。

2 1のたれに1の切り干し大根、たまねぎ、セロリの葉を加えて混ぜ合わせる。

しいたけブルーチーズ
濃厚な味わいを
取り合わせて。

材料（2人分）

生しいたけ ……………………………… 4コ
ブルーチーズ（写真はロックフォールを使用）・しょうゆ ……………………各少々

つくり方

しいたけは軸を取ってひだを上にして並べ、ブルーチーズをのせ、しょうゆをたらす。魚焼きグリルで2～3分間、チーズが溶けてしいたけに火が通るまで焼く。

合わせるのは

【 極甘口ワイン 】

ソーテルヌ シークレット シシェル

貴腐ワインと呼ばれる極甘口ワイン。しいたけの香ばしさとねっとり感、ブルーチーズの香りとコクに、深い甘みが寄り添います。

カリカリスライスチーズ
レンジにかけるだけで、
新たな食感と風味が。

材料（2人分）

スライスチーズ（溶けないタイプ）…． 2枚

つくり方

チーズはオーブン用の紙の上に並べ、電子レンジ(600W）に2分30秒間かける。

合わせるのは

【 白ワイン 】

マーフィー・グッド・シャルドネ

電子レンジにかけると、チーズのミルキーさが出てきます。その味わいとチーズの食感に、果実味の強い、カリフォルニアのシャルドネを。

野菜のあて
えのきのほたて風
食感も味わいも、
さながらほたて。

材料（1コ分）

えのきだけの下の方……3㎝
バター……10g
しょうゆ……小さじ½
小麦粉……少々
木の芽……適量

つくり方

えのきだけは下の方のバラバラにならないところを使う。切り口の両面に小麦粉を薄くつける。バターをひいたフライパンで、ふたをして両面をこんがりと焼く。しょうゆを加えてえのきだけに吸わせ、器に盛って木の芽をのせる。

合わせるのは

【国産赤ワイン】
ルバイヤート メルロー「塩尻収穫」
長野県産のブドウを使用した赤ワイン。バター、しょうゆの味わい深さに、熟成した滑らかな味わいがよく合います。

ねぎみそ焼き
白みそを使うのが
大原のこだわり。

材料（2人分）

白みそ……20g
ねぎ（粗みじん切り）……1本
削り節……1g
いりごま（白）……小さじ1

つくり方

すべての材料をボウルでよく混ぜ、アルミ箔《はく》にのせる。魚焼きグリルで焼き目をつけ、スプーンに盛りつける。

合わせるのは

【発泡日本酒】
王祿 出雲麹屋 にごり
発泡性のにごりを持った純米酒。白みそのねっとり感、焼けた香ばしさに、うまみたっぷりなにごりを合わせます。

ミニトマトのアーリオ・オーリオ
オリーブ油に
にんにくの風味を
移して。

材料（2人分）

ミニトマト（ヘタを取る）……………… 8コ
にんにく（薄切り）……………………… 4枚
オリーブ油 ……………………………大さじ1
塩 ………………………………………少々

つくり方

1 小さめのフライパンににんにくとオリーブ油を入れて弱火にかけ、にんにくがこんがりとしたらとり出す。

2 1のフライパンにミニトマトを入れ、ふたをして火を通す。塩を加えて味を調え、1のにんにくとともに器に盛る。

合わせるのは

【 シェリー酒 】

ティオ・ペペ

フィノと呼ばれる辛口シェリー酒。あての酸味とオイリーさをあっさりと流してくれます。

きゅうりのマリネ ヨーグルト添え
カレーの風味を
ぜひ添えて。

材料（2人分）とつくり方

1 たまねぎ（すりおろす）小さじ1、みりん（煮きる）・サラダ油・米酢各大さじ1、塩小さじ⅓を混ぜ合わせてドレッシングをつくる。

2 1のドレッシングにきゅうり（5㎜角に切る）½本、紫たまねぎ（5㎜角に切る）20g、ミニトマト（8等分に切る）4コを加えてあえる。

3 水きりしたプレーンヨーグルト100gを器に盛り、2を汁ごとかける。カレー粉少々をふる。

合わせるのは

【 ブラッディメアリー 】

氷の入ったタンブラーにウォッカ、レモンジュース、トマトジュースを合わせたカクテル。酸味とスパイシーさによく合います。

柿の刺身

柿を
わさびじょうゆで！
ぜひお試しあれ。

合わせるのは

【ミントジュレップ】

ミントをきかせたカクテル。生のミントの入ったグラスにバーボンウイスキーとガムシロップを加え、砕いた氷でグラスを満たし、ソーダを注いで、軽くかき混ぜたものです。ミントの爽やかな香りが、果物の甘み、わさびの辛さによく合います。

こんなお酒でも

ウォッカをロックで。

材料（2人分）

柿（少し柔らかくなったものがおすすめ）
……………………………………………適量
わさび・しょうゆ ………………… 各適量

つくり方

柿は皮をむいて7㎜角の拍子木切りにして器に盛る。わさびじょうゆで食べる。

※柿のほかにはアボカド、グレープフルーツなどもわさびじょうゆで食べると美味！

こんにゃく田楽
ゆでたこんにゃくは、
さながらいかのよう。

材料（2人分）

こんにゃく（白）……………………………½枚
つけみそ
│白みそ ……………………………………20g
│木の芽（細かく刻む）………………5g

つくり方

つけみその材料を混ぜ合わせる。こんにゃくは縦長に薄く切って串に刺し、沸騰した湯で約1分間ゆでて水けをきる。つけみそとともに器に盛り、つけながら食べる。

合わせるのは

【スパークリングロゼワイン】
コノスル ロゼスパークリング
フルーティーで口あたりが柔らかいロゼスパークリング。こんにゃくの後味を爽やかにしてくれます。

厚削り節のなんちゃって
かつおのたたき
かつおの厚削り節を
たたきに見立てて。

材料（2人分）

削り節（かつおの厚削り節）…………10g
たまねぎ ……………………………………1コ
ポン酢しょうゆ …………………………適量

つくり方

たまねぎは薄切りにして水にさらし、水けを絞る。削り節を食べやすくちぎり、たまねぎと合わせてポン酢しょうゆであえる。

合わせるのは

【麦焼酎】
一粒の麦
麦のうまみが強い焼酎。かつお厚削り節のうまみに負けないパンチを持っています。

＼ またお越しください ／

あとがき

大原千鶴を知ったのは三年前の春、鮨の文化論みたいな番組を作っている時で、なるほどこの人が天才料理人・中東吉次秘蔵の娘か、と思わせる食に対する知識の深さがあり、感じ入ったことを覚えている。会ったのは京都の洛北にある人気の鮨屋。しかし、彼女の酒量が尋常でないことに途中で気づいた私は、次第に打ち合わせどころではなくなった。衝撃的な呑みっぷり。しかも美味そうに呑む。定石通りビールから始まり日本酒をあれこれ試しながら五合、白ワインと赤ワインを一本ずつ空けたのちに、彼女はこう言った。

「日本酒に戻らはりますか？　それとも焼酎にしはる？」

すでに私の横では助監督がグラグラになっている。ここから先は一人で立ち向かわなければならない。大原は酒が入ると頭が活性化し、むしろ冴え、次々と料理のアイデアが浮かぶという類い稀な体質の持ち主であることを私はまだ知らなかった。その夜はなんとか体面を保って撤退したのだが、あれ以来彼女のペースに合わせて呑むという愚を犯さぬよう己を戒めている。所詮、器が違う。

かほどに酒と食を愛してやまぬ大原が、酒肴に特化した料理番組「あてなよる」をやることは自明の理だった。「あてな」は「アテナ」（ギリシャ神話の女神）とのダブルミーニングであり、酒呑みたちの女神たる大原千鶴にふさわしいタイトルであると自負している。彼女のパートナーには、私の長年の知己であり、日本有数の理論派ソムリエで、日本酒や焼酎にも造詣の深い若林英司を配した。この二人の組み合わせも、いわばマリアージュなのである。

「酒とあての幸福な結婚」は偶然生まれるものではなく、酒を愛し、〝酒を楽しむ時間〟を愛する人間によってのみ作り出される「舌の上の楽園」なのだ。

演出家　源 孝志

お問い合わせ先

【 若林英司が支配人兼シェフソムリエを務める店 】

ESqUISSE エスキス

東京都中央区銀座5-4-6
ロイヤルクリスタル銀座9階
TEL:03-5537-5580
ランチ　12:00～13:00（ラストオーダー）
ディナー　18:00～20:30（ラストオーダー）

【　撮影協力・登場したお酒のお問い合わせ先　】

第一夜　卵で呑む

M・シャプティエ タヴェル・ロゼ
ボールヴォワール 2015 — p.10
株式会社ワイングロッサリー（075-841-3058）

〆張鶴 純 — p.11
宮尾酒造株式会社（0254-52-5181）

関帝 陳年紹興花彫酒 5年 — p.12
株式会社もりもと（0726-82-0170）

アモンティリャード・
デル・プエルト 1/10 18.5° — p.12
株式会社もりもと（0726-82-0170）

ルイ・ロデレール ブリュット・プルミエ — p.13
エノテカ・オンライン（0120-81-3634）

第二夜　ハムで呑む

鍋島 純米大吟醸 愛山 — p.16,17
田島屋酒店（045-781-9100）

ベリンジャー ファウンダース・
エステート・カベルネ・ソーヴィニヨン — p.17
サッポロビール（株）お客様センター（0120-207800）

オールド・エズラ 15年 101プルーフ — p.18
株式会社千雅（06-6698-6414）

アルベール・ボクスレ
シルヴァネール 2014 — p.19
株式会社横浜君嶋屋（045-251-6880）

クリストフ・パカレ
ボージョレ・ヴィラージュ 2014 — p.19
地球屋（（株）阪谷）（0721-62-2514）

パスティス アンリ・バルドゥアン — p.21
株式会社千雅（06-6698-6414）

マルティーニ アスティ・スプマンテ — p.21
サッポロビール（株）お客様センター（0120-207800）／
酒のいしかわ いわき泉店（0246-58-5808）

第三夜　鮭で呑む

ザ・タパス・ワイン・コレクション
ロサード・ガルナッチャ — p.24
株式会社オーレジャパン（03-6712-2061）／
うきうきワインの玉手箱（073-441-7867）

登美の丘 赤 2012 — p.25
サントリーワインインターナショナル（株）
（0120-139-380）／うきうきワインの玉手箱
（073-441-7867）

ヒューガルデン ホワイト — p.26
アサヒビール株式会社お客様相談室
（0120-011-121）

レトワール サヴァニャン 2011 ドメーヌ
フィリップ・ヴァンデル — p.27
株式会社フィラディス（045-222-8871）

ピノ・ノワール・サンタ・マリア・ヴァレー 2013
ディアバーグ・ヴィンヤード — p.27
トスカニー（03-6435-1750）

ランブルスコ・デル・フォンダトーレ
キアルリ — p.29
トスカニー（03-6435-1750）

第四夜　豆腐屋を呑む

天狗舞 文政六年 吟醸仕込純米 — p.37
株式会社横浜君嶋屋（045-251-6880）

シャトー・メルシャン
甲州きいろ香 2015 — p.38
メルシャンお客様相談室（0120-676-757）

コロナ・エキストラ ボトル — p.39
モルソン・クアーズ・ジャパン株式会社
（0077-780-982）

白州 — p.40
サントリースピリッツ（株）
（0120-139-310）

岩の原ワイン 深雪花（赤） — p.41
株式会社岩の原葡萄園（025-528-4002）

モンテリ・レ・デュレス 2010 — p.43
株式会社稲葉（052-301-1441）

番外　大原とっておきのあて

バランタイン12年 — p.67
サントリースピリッツ（株）
（0120-139-310）

真澄 YAWARAKA TYPE-1 — p.67
宮坂醸造株式会社（0266-52-6161）

サントネイ・ルージュ
オリヴィエ・ルフレーヴ — p.68
エノテカ・オンライン（0120-81-3634）

カンポフィオリン マァジ — p.68
トスカニー（03-6435-1750）

カヴァ・グラン・キュヴェ・ジョセップ・ヴァイス
ロジャー・グラート — p.69
トスカニー（03-6435-1750）

純米酒 浦霞 — p.70
うらの酒店（0930-22-2673）

ソーテルヌ シークレット シシェル — p.71
株式会社もりもと（0726-82-0170）

マーフィー・グッド・シャルドネ — p.71
エノテカ・オンライン（0120-81-3634）

ルバイヤート メルロー「塩尻収穫」 — p.72
丸藤葡萄酒工業株式会社（0553-44-0043）

王祿 出雲麹屋 にごり — p.72
酒舗よこぜき（0544-27-5102）

ティオ・ぺぺ — p.73
メルシャンお客様相談室（0120-676-757）／
うきうきワインの玉手箱（073-441-7867）

コノスル ロゼスパークリング — p.75
酒のいしかわ いわき泉店（0246-58-5808）

一粒の麦 — p.75
有限会社増田屋本店（0282-82-0161）

若林おすすめ！
安うまワイン — p.53

ガルナッチャ・ディ・フエゴ ボデガス・ブレカ
トスカニー（03-6435-1750）

グレイス グリド甲州
中央葡萄酒株式会社（0553-44-1230）

コノスル ロゼスパークリング
酒のいしかわ いわき泉店（0246-58-5808）

コドーニュ クラシコ・ブリュット
メルシャンお客様相談室（0120-676-757）

第五夜　納豆で呑む

草家 米マッコリ — p.46
浜田屋（0246-25-2301）

オー・ボン・クリマ ピノノワール
“ノックス・アレキサンダー” 2012 — p.47
しあわせワイン倶楽部（03-5761-8693）

ウイリアム・ハンバート・コレクション
ドン・ソイロ・フィノ — p.48
アサヒビール株式会社お客様相談室
（0120-011-121）

シャンドン ブリュット — p.49
河内屋酒販株式会社（03-3869-3939）

第六夜　肝で呑む

ジョニーウォーカー
ブラックラベル12年 — p.56
キリンビールお客様相談室（0120-111-560）

クラフトシードル — p.57
（株）ノーザンアルプスヴィンヤード（0261-22-2564）

ファミーユ・ヒューゲル
ゲヴェルツトラミナー・ジュビリー — p.58
ジェロボーム株式会社（03-5786-3280）

満寿泉 純米大吟醸 スペシャル — p.59
細江酒店（0767-52-1332）

第七夜　漬物で呑む

ガルナッチャ・サルバヘ・デ・モンカヨ 2014
ガルナッチャ・デ・エスパーニャ — p.62
ワイナリー和泉屋（03-3963-3217）

ビルカール・サルモン
ブリュット・レゼルヴ — p.63
（株）JALUX ワイン・フーズ部（03-6367-8756）／
JAL ショッピング事務局（0120-25-2414）

菊泉 ひとすじ 発泡純米酒 — p.64
滝澤酒造株式会社（048-571-0267）／
株式会社アライ（048-227-0711）

廣戸川 特別純米 — p.65
有限会社増田屋本店（0282-82-0161）

2017年2月現在の情報です。在庫の状況は変動します。ご了承ください。

若林英司《わかばやし・えいじ》

ソムリエ。長野県生まれ。小田原の「ステラ マリス」、恵比寿の「タイユバン・ロブション」でシェフ・ソムリエ、「レストラン タテルヨシノ」の総支配人を歴任し、２０１２年より「レストラン エスキス」の支配人兼シェフソムリエを務める。ワインをはじめ、あらゆる酒類についての豊富な知識をもちつつも、「お客様に楽しんでいただけ、飲んでおいしいのがいちばん」がモットー。

大原千鶴《おおはら・ちづる》

料理研究家。京都・花脊《はなせ》の料理旅館「美山荘」に生まれ、幼いころより山野の自然に親しみながら料理の心得を学ぶ。結婚後、京都の都市部に移り住み、２男１女の母として子育てのかたわら、料理研究家として活動をはじめる。ＮＨＫ「きょうの料理」レギュラー出演、雑誌や書籍、講演会のほか、ＮＨＫＢＳプレミアム「京都人の密かな愉しみ」料理監修など、幅広く活躍している。

【 書籍化スタッフ 】

章扉（p.08,14,22,34,44,54,60）・あとがき執筆
／ 源 孝志（株式会社オッティモ）
p.30~33,50~53 構成・文 ／ 遠藤綾子
アートディレクション ／ 中村圭介（ナカムラグラフ）
デザイン ／ 井本菜津子（ナカムラグラフ）
撮影 ／ 邑口京一郎
調理アシスタント ／ 太田夏来
撮影協力 ／ 須藤洋子（株式会社オッティモ）
校正 ／ 野田茂則（東京出版サービスセンター）
編集 ／ 伊藤大河（NHK出版）
編集協力 ／ 小林美保子

【 番組スタッフ 】

語り ／ 石橋 蓮司
音楽 ／ 阿部 海太郎
構成 ／ 成田 はじめ
撮影 ／ 前田 剛志　照明 ／ 田中 一輔
映像技術 ／ 近藤 将司　編集 ／ 小泉 圭司
ＣＧ制作 ／ 相川 はじめ　音響効果 ／ 佐古 伸一
取材 ／ 須藤 洋子
ディレクター ／ 荒木 俊雅　大阿久 知浩　小林 充明
プロデューサー ／ 河野 美里　中田 好美
制作統括 ／ 源 孝志　牧野 望　豊田 研吾　川崎 直子
制作 ／ NHKエンタープライズ
制作協力 ／ ホリプロ
制作著作 ／ NHK　オッティモ

あてなよる
大原千鶴の簡単・絶品おつまみ帖

2017年4月15日　第1刷発行
2021年4月30日　第10刷発行

著者　大原千鶴・若林英司

発行者　森永公紀
発行所　NHK出版
〒150-8081　東京都渋谷区宇田川町41-1
電話　0570-009-321（問い合わせ）
0570-000-321（注文）
ホームページ　https://www.nhk-book.co.jp
振替　00110-1-49701
印刷・製本　廣済堂

Printed in Japan
ISBN978-4-14-033297-9　C2077